嘉義美好小旅行

吮指小吃×懷舊建築×人文風情

嘉義美好小旅行

吮指小吃×懷舊建築×人文風情

文字 江明麗
攝影 何忠誠、高建芳
編輯 陳思穎、李雯倩
美術設計 侯心苹
校對 陳思穎、李臻慧

發行人 程顯灝
總編輯 呂增娣
主編 李瓊絲、鍾若琦
編輯 鄭婷尹、陳思穎、邱昌昊
美術總監 潘大智
美編 侯心苹、閻虹
行銷總監 呂增慧
行銷企劃 謝儀方、吳孟蓉
發行部 侯莉莉
財務部 許麗娟
印務 許丁財

出版者 四塊玉文創有限公司
總代理 三友圖書有限公司
地址 106 台北市安和路 2 段 213 號 4 樓
電話 (02) 2377-4155
傳真 (02) 2377-4355
E-mail service@sanyau.com.tw
郵政劃撥 05844889 三友圖書有限公司

總經銷 大和書報圖書股份有限公司
地址 新北市新莊區五工五路 2 號
電話 (02) 8990-2588
傳真 (02) 2299-7900

印刷製版 皇城廣告印刷事業股份有限公司

初版 二〇一五年十月
定價 三百五十元
ISBN 978-986-90732-2-6（平裝）

國家圖書館出版品預行編目 (CIP) 資料

嘉義美好小旅行：吮指小吃 X 懷舊建築 X 人文風情 / 江明麗著. -- 初版. -- 臺北市：四塊玉文創，2015.10
面； 公分
ISBN 978-986-90732-2-6(平裝)

1. 旅遊 2. 嘉義市

733.9/126.6 104019784

SANYAU
http://www.ju-zi.com.tw
三友圖書
友直 友諒 友多聞

作者序

享受，嘉義

每一個人對台灣的城市鄉鎮都有一個最初的印象，青少年時代嘉義於我來說，就是阿里山、雞肉飯，還有歷史課本上，簡單的古稱諸羅，位在嘉南平原以及北回歸線上，諸如。隨著一次次的探訪，突然發現課本上很簡單的嘉義一點也不簡單，它有著全世界最難走的森林鐵道，最珍貴的神木林區，而地圖游標往左移，布袋的海洋蚵田、鰲鼓的濕地，新港的藝術，還有民雄的鳳梨，一頁頁翻過，是自然、生態與人文的積累，精采度不輸森林神木。

搜尋鍵再鎖定嘉義市，清代就有竹編圍城的歷史，讓桃城這個美麗舊稱出土。歷史在演進，嘉義人也在改變，嘉義縣現有五百多萬人口，嘉義市有二十八萬人口，不同的人口密度卻一樣的熱情。

這本書用六大主題帶領大家認識不一樣的嘉義之美，「山海鄉鎮風情」讓驕陽領路，帶著大家遊遍民雄、布袋、新港等鄉鎮的自然人文風光；「老建築新面貌」以嘉義市為主，看看數十或近百年的老屋因為改建，有了什麼樣美麗的變化。「美味小吃」走訪了街頭巷尾的人氣店家攤位，沙鍋魚頭、雞肉飯、碗粿，吃的是在地人的好客精神；「風格餐館」最讓人流連忘返，不一樣的主人給予客人不一樣的優閒時光；「轉角美景」以嘉義市的景點或特色店鋪為主，而「美好旅宿」則讓人看到了特色旅店與青年旅館的崛起，讓每一位旅人的休眠時刻更難忘懷。

這本書的完成要感謝許多人的幫忙，除了熱情又溫暖的店家老闆們，還要感謝嘉義市觀光局李玉梅科長、嘉義舊監獄導覽老師陳俊文、嘉義縣文化觀光局企畫科專員陳曉涵，有了你們的協助，讓《嘉義美好小旅行》內容更加豐富。

目錄

本書所有餐飲住宿價格僅供參考，實際請以店家公布為主。

CHAPTER 4 老建築新面貌

CHAPTER 5 轉角美景

CHAPTER 6 美好旅宿

在地人群像

不論是久住的居民，
還是後來移居此地的新住民，
他們都懷抱著滿腔熱情與理想，
透過他們的故事，
讓我們慢慢發現嘉義這一片土地的美好。

糜訝早午餐老闆——MIA
自在早午食與野餐的生活風格

大約在三、四年前，嘉義悄悄的興起了一股青年返鄉潮，這群年輕人都有不錯的想法與資歷，或許是看到了嘉義在往文創這條路前進的腳步前進，也或許是骨子裡鮭魚洄游的DNA作祟，他們給了嘉義一個機會，也給自己一個機會，用他們的創意將自己的家鄉帶向更棒的境地。糜訝早午餐老闆MIA就是青年返鄉潮裡一個很特別的存在。

要說有多遠大的目標，MIA自覺沒那麼嚴肅。對於嘉義來說，她是一個離家六年的孩子，專長是設計，擔任助理的職務，曾在文風鼎盛的台南生活過一陣子，後來回到嘉義，認識了Daisy的雜貨店的德西、Bless咖啡館的發哥以及阿桂姐這群很棒的人，奠定了她想用自己的方式展現嘉義美好的作法。

喜歡野餐與早餐的興趣，讓MIA決定用美食與風景開始她在嘉義的「新生活」。「剛開始做早餐攤車的時候，我都會去嘉義市的道將圳買早點，那裡有一段很漂亮的林蔭大道，很多嘉義人都還不太知道，亂逛著就被我發現了。」MIA的思維很純粹，做移動餐車只是想體驗在美美的風景、老老的建築物或有味道的角落品味優閒日子的感受，即便現在已經開了店，她還是會不定期「揪團」，大家一起去快樂野餐，她代表的是嘉義這座城市的一個年輕面相，既然緊緊湊湊過不了好日子，隨心就好。

檜意森活村前創意總監——繁運隆
用老屋與文創為嘉義注入新血

檜意森活村這一年來是嘉義常被提起的熱門名稱。在這波為老屋新風貌計畫洪流中，檜意森活村也許不過是一滴小水珠，但是它沒按照一般的作法規畫，既然搭了文創的列車，就要扎扎實實的實踐這種理想，所以園區裡的每個商鋪都自有風格，也深具獨特性，而擔任創意總監的繁運隆起了不小的影響力。

自謙替一群大老闆打工的繁運隆，很確實的把檜意森活村帶往老屋文創的風格。他小時候在日式眷村長大，很喜歡帶有老時光味道的屋子，之前從事文字、廣播與多媒體的工作，在兩年多前因為工作落腳嘉義，深受這個城市內斂的優雅格調所吸引。在他眼裡，嘉義的歷史或文化真正精采的是在耆老們的口述之中，透過講古般的傳頌，反而更能領略不一樣的嘉義之美。

身為一個從台中移居，跨過濁水溪的外地人，繁運隆用老屋與文創為嘉義的城市面貌添上幾筆人文的色彩，並且盡力在商業考量與古蹟建築裡找到一個平衡點。閒暇之餘，他很愛穿街走巷，碰到新舊朋友會介紹一些私房景點，譬如共和路旁的雲霄古道，以及東市場裡不能錯過的水晶餃與牛雜湯，甚至遠在市區之外的大林鎮上，萬國戲院與十信視界眼鏡行也在他的旅行散策口袋名單上。對一個外地人來說，愛上嘉義，真的很簡單。

小字典

繁，唸作「婆」。字典上找不到這個古字，據了解延用此姓的氏族屬於殷紂王的後代，是當時的七大家族之一，與薄姓同宗，可以想見這一支在遠古時代的世家氣概。

KANO精
The Soul of Taiwan's Bas
臺灣棒球精神主
Smart Fish Chiayi
看紙風車享愛心餐
阿菁涼菜X冬菜蝦仁蛋

林聰明沙鍋魚頭小老闆——林佳慧
用最實際的行動愛嘉義

當你對一個人、一項物品或是一座城市有深厚的感情，其實能在表情與言談之間亮晃晃的呈現，林佳慧談到嘉義，就是百分之兩百的驕傲與喜愛。她是林聰明沙鍋魚頭的小老闆，也是嘉義市商圈文化促進協會的常務理事，頭銜聽起來很大，地位似乎很超然。

每每談到嘉義的觀光、文化、小吃，甚至於只是一個大家耳熟能詳的景點，她就會從小老闆的高台走下來，像個業務小妹一般向大家介紹嘉義的點點滴滴。在她的談話裡可以感受到嘉義是一個非常非常棒的城市，有非常非常棒的人們，令人想走遍各處景點。

管理嘉義最有名、生意最好的特色美食店之一，林佳慧並沒有生意大餅都要來我家吃盡的心理，反而會介紹其他一、兩家很好的店鋪或飯館，不擔心客人不再來，最希望客人待久一點，所以她把個人的美景、美食口袋名單奉送給每一位遊客。這樣，大家就會被嘉義黏住，然後跟她一樣愛上嘉義。

這位隨時都保持熱情與笑容的小老闆也把自家的店做了極大的運用，為了鼓勵在地的創作者，她提供了自家的空間作為藝術家們陳列作品的天地。前一檔是插畫家潘朵拉的「路吃人生插畫美食展」，嘉義的十四家特色美食小吃店家入列，讓人由不同的視角去看待嘉義的魅力。林聰明沙鍋魚頭用美食吸引旅人停下腳步，這座城市值得你花時間去慢慢探訪。

筷趣大飯店老闆——宜靜與仁偉

用食物與大家分享嘉義的味蕾旅行

小幫手，是宜靜在自家的官方臉書上對自己的稱謂，即便她什麼都要做，她還不太能適應「老闆」這個職務。仁偉是宜靜的男朋友，二〇一五年八月才全力投入筷趣大飯店的工作，在此之前，他是瘋台灣與愛玩客等節目的企畫，擅長影像的呈現，現在自謙為筷趣大飯店小幫手的幫手。

宜靜與仁偉是外地人移居嘉義的例子之一。宜靜之前的想法只是賣便當，騎一台腳踏車穿街走巷，賣便當之餘，還可以快樂的跟左鄰右舍聊天，做生意只是她想了解嘉義的一種方式，而以賣便當為出發，則是要分享求學時每天能吃到媽媽現煮便當的那種滋味。因為客觀條件不那麼完美，所以租了一個老房子，不賣便當，但一樣能料理有媽媽味道的家常菜。

只要細細觀察，在這對小情侶的料理生活中，做菜是一件愉快的事，兩人只要不忙，通常都會跟客人聊天，聊這間店的故事，料理的食材，甚至是做菜的經驗……等，如果客人有興趣，他們會鉅細靡遺的介紹餐食之所以好吃的原因，譬如用了崑濱伯的米、東市場的豆腐、彰化好食光生活廚房的果醬……等，「好吃的料理要靠好的、新鮮的食材與調料，」是宜靜認為筷趣大飯店餐食之所以美味的要件之一。

筷趣大飯店現在只營業午晚餐時段，因為他們還想利用其他的時間去領略嘉義的美。偶爾到BLAXK店門去擺攤烤肉，最踴躍的就是參加大大小小的市集，他們會包好小飯糰、小米丸到現場展開野餐模式，光想都讓人羨慕這種過日子的方式，想要加入的話，隨時注意他們官方臉書的動態吧。

老大通１９４１老闆——宇璇

老屋新設計美麗嘉義角落

三年多的時間，開六家餐館，這樣的行動力讓人刮目相看，尤其是這六家店都是以老屋新建的想法呈現，加上間間生意都很好，這其中的企畫、經營與設計本事就讓人眼紅了。

宇璇是地地道道的嘉義人，她對老房子有一種執著，因為小時候有一段時間住的是木造和式老房，空間雖然有限，她卻很愛一家人聚在一起的感覺。老房子拆了，她也出國遊學了，回台灣開了英文補習班，成為高收入的經營者，但是對於老屋的感情卻一直都沒有消失，所以她從蒐集老物開始，秤重器被她當作花盆拖架，行李箱拿來改成燈箱，國小課桌椅滿足了童年回憶，連嘉義國中的校方都很感謝她讓大量的廢棄課桌椅有了新生命。

想完成夢想，總會遇到阻力，尤其是開店初期不那麼賺錢，宇璇的阻力來自於家人的不支持，讓她開店之初沮喪且無力，還好她堅持下來了，另一半與家人看到她現在的成果，驚喜且捧場。

從第一間的老屋餐館老房子１９５５，到後來的老洋房１９３１、老鄰居１９１１、老院子１９５１、斗六老鄰居１９７１以及最新的老大通１９４１，她用老屋改造美麗了嘉義的角落。原本凌亂的空間在她的巧手下，成為最熱門的聚會去處，這是她愛嘉義的方式，也與大家一起共享。

TOY 4 EVER Taiwan
IF YOU CAN DREAM
THEN YOU CAN DO IT

TOY 4 玩具們咖啡館 —— Molly、Sa Sa、Ellen、Show

青春無敵　友情萬歲

青春，有時候是實現夢想最大的本錢，如果再加上友情做催化劑，那真是所向無敵了。TOY 4 玩具們咖啡館的四位老闆，因為電影玩具總動員第四集決定聚在一起，開一間符合每個人夢想的店，所以拜訪TOY 4，可以喝咖啡，可以吃甜點，能看看書，瞧瞧展覽，還有手作創意生活小物可以購買，加上店裡設計得很有味道，讓嘉義不少愛好知性與文青調調的客人流連駐足。

Molly、Sa Sa、Ellen、Show四個人有四個樣，分開來每個人似乎安靜嫻雅，但這都是「假象」，等到四人「合體」那就是吱吱喳喳、熱熱鬧鬧、沒完沒了，你會來不及吸收她們傾洩而出的澎湃想法與創意，但卻能深刻感受到她們之間深厚的友誼與相互支持。為了讓這樣的友情更加具體，這群姊妹淘毅然決然在右手臂上刺青，「Toy IV ever（Toy forever）」的意涵讓人動容，也讓人看到了嘉義新一代子弟們即將注入這座城市豐沛的文創養分。

對於嘉義來說，TOY 4這群老闆姐妹淘走出了老城依靠阿里山、神木或者是雞肉飯的傳統臉譜，她們愛自己的家鄉，所以離開霓虹閃爍的大都會，用不一般或者是新興的方式，為嘉義添上新的妝彩，給予遊客們一種新的認識。

Chapter

1

美味小吃

選用在地新鮮食材，
搭配獨門醬汁的美味。
嘉義人必吃的庶民美食，
讓你一口接著一口，
吃遍十二家傳統經典小吃。

劉里長雞肉飯

——鮮嫩多汁熱賣超過四十年

攝影：高建芳

嘉義在地人對火雞肉飯的挑剔已經到了人各一本帳的境界，劉里長雞肉飯卻能「殺出重圍」在桃城人心裡站有一席之地，在於用了新鮮的食材，講究的烹調方式，還有一份服務鄉里的熱情。

南部是火雞飼養的大本營，而這種禽類肉質在被傳統雞肉「打壓」多年之後，終於在嘉義揚眉吐氣，到了嘉義，少有人會吃傳統雞肉飯，而是人手一碗火雞肉飯配小菜，吃的既滿足又愉快。

嘉義的火雞肉飯競爭非常激烈，排得上名號的就超過三十家，在地人推薦的就有十家之多，要排出TOP5的店家，劉里長雞肉飯絕對名列其中。這間由里長伯經營的老字號火雞肉飯營業超過四十年，經營棒子也早交給第二代的兒子劉宗源，巧的是兒子也被選為嘉義民族里的里長伯。

雞肉飯好吃的訣竅在這裡！

劉里長家的雞肉飯好吃的祕訣在於選用西螺米以及添加了油蔥酥醬汁，米飯的口感要軟硬適中才能更加彰顯出火雞肉肉質的Q與嫩，而使用雞高湯為基底調製的醬汁也讓整碗飯風味更棒。

呷好料

饕客必點湯品

吃完火雞肉飯，再喝碗熱騰騰的湯，讓人吃得十分滿足。湯品推薦蚵仔湯與火雞腳湯，前者是採買自嘉義東石漁港的新鮮海味，後者因為富有膠質，也讓饕客們大為喜愛。

里長伯家的雞肉飯有二大明星選項，一般人會點火雞肉絲飯，想要「頂級版」的就挑火雞肉片飯，這兩種雞肉飯都是混合了雞胸與雞腿肉兩個部位的食材，吃起來同時擁有彈Q與軟嫩的感受。搭配火雞肉飯的小菜與湯品也是劉里長雞肉飯的強項，小菜部分以扁魚白菜最受歡迎，扁魚是南部很愛使用的食材，配上白菜滷煮出海鮮的美味。

3|2 1

1. 店面營業超過四十年，經營棒子也早交給第二代的兒子劉宗源經營。
2. 劉里長雞肉飯好吃的祕訣在於選用西螺米以及添加了油蔥酥醬汁。
3. 里長嬤是這裡的鎮店之寶。

- 嘉義市東區公明路 197 號
- 05-222-7669
- 05:30 ～ 14:30
  隔週週一休
- 火雞肉片飯 50 元，火雞絲飯 25 元起，涼菜、滷味 10 元起，火雞腳湯 20 元。
- 走國道 1 號下嘉義交流道，左轉接 159 縣道往嘉義市方向，過圓環後接民族路，左轉忠孝路，右轉公明路可達。

林聰明沙鍋魚頭

——堅持超過半世紀的在地美味

攝影：高建芳

2 | 1
3

1. 什菜的內容包括扁魚、大白菜、豆皮、豬肉等等超過二十種配料。
2. 沙鍋魚頭主角大頭鰱魚在沾了番薯粉後，以高溫油炸鎖住魚肉的鮮味。
3. 沙鍋魚有兩種吃法，一種是沙鍋菜配魚頭，一種是配魚肉。

多達二十幾種的砂鍋菜搭配油炸過的大頭鰱魚鮮，林聰明沙鍋魚頭就靠這一味在嘉義小吃站穩了五十多年，在地人宴請朋友，觀光客按圖索驥，每日的高朋滿座，在在證明做料理不用譁眾取寵，只要用心就能長久。

經營超過五十年，林聰明沙鍋魚頭就如同嘉義必吃的火雞肉飯一樣，是在地的代表小吃之一。這家半世紀老店的故事跟台灣所有享譽國內的飲食名店一樣，一開始是從樓房的亭仔腳（台語）起步，熱火烹油的小吃攤，勤奮苦勞的夫妻檔，當然還有實在美味的料理，這些條件造就了林聰明沙鍋魚頭發蹟的必要原因。

從騎樓小吃攤到店面的經營歷程

林聰明是店家的第二代老闆，之所以用沙鍋魚頭做主打，在於善加利用老父親每每釣回的大尾大頭鰱，現成的新鮮食材搭配各式各樣的什菜，以及花時間熬煮的湯頭，就是香遍街巷的小吃佳肴。

原本的小吃攤在善心醫師劉傳來的幫忙下，落腳診所的騎樓，隨著生意越來越好，診所的醫師退休，林聰明正好買下當年診所的房子，擁有了店面，不過為了感謝老醫生，店裡特別保留下診所的掛號間，讓來訪的客人也能夠聽聽老店從艱辛到成功的故事。

而今店裡的生意已經打出招牌，老老闆功成身退，目前由大女兒林佳慧接手，下午四點就可以看到工作人員擺上滿滿的沙鍋魚頭以及什菜用料。沙鍋魚有兩種吃法，一種是沙鍋菜配魚頭，另一種是配魚肉，當然也可以只點選沙鍋菜，配上白飯就很好吃。

1. 現在的店面有一區是由舊診所改建而成。
2. 招牌的冬菜蝦仁蛋湯是老闆娘發想的菜色。

淬煉八小時的精華湯頭不可錯過

沙鍋魚的主角是大頭鰱，魚肉鮮嫩甘甜，烹調方式是在魚身沾了番薯粉後，以高溫油炸鎖住魚肉的鮮味，接著與沙鍋菜一起熬煮，沙鍋菜的湯頭用大骨花了八個小時慢煮慢熬，什菜的內容更是精彩豐富，包括扁魚、大白菜、金針、木耳、豆腐、豆皮、豬肉等等超過二十種配料，還加了獨家調製的沙茶醬料，滋味酸甜微辣，可以嘗出蔬菜散發出來的甘甜香氣，搭配白飯就是極品美食。

不同於一般餐館用熱炒做配菜，店內的小菜多以涼菜為主，林太太注重吃的健康，涼菜也是她的想法，包括茄子、芥

蘭、西洋芹以及苦瓜、青花菜等等，另外還有三色蛋與花枝，老客人都會點一份青菜綜合拼盤以及一碗招牌的冬菜蝦仁蛋湯解饞。

在這裡除了可以品嘗到半世紀的美味，末了還可以慢慢欣賞牆上懸掛的藝術作品。這也是林佳慧的想法，讓嘉義的創作者有更多的曝光機會，在小吃特色之外，嘉義也有珍貴的藝文內涵。

1. 涼菜裡的茄子、芥蘭、西洋芹等是配沙鍋魚頭的小品。
2. 林佳慧把餐館也加入藝廊的作法能鼓勵藝術家繼續創作。

呷好料

集結料理精華的沙鍋 Q 麵

由林佳慧研發出來的沙鍋 Q 麵是店內新興的人氣菜色，沙鍋菜搭上手工 Q 麵，口感彈牙的麵條充分吸飽了湯汁，每一口都有料理的精華。

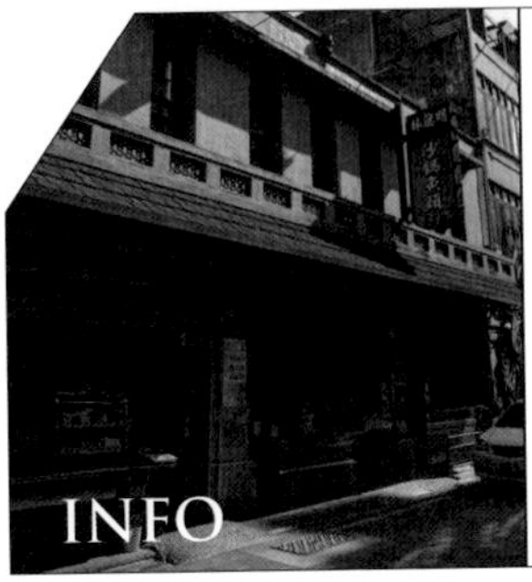

- 嘉義市西區中正路 361 號
- 05-227-0661
- 16:00 ～ 22:00　在博愛路尚青黃昏市場擺攤
- 沙鍋魚頭 260 元（3 人份），沙鍋魚肉 90 元（1 人份），火雞肉飯一碗 25 元，冬菜蝦仁蛋湯 50 元，健康涼菜拼盤一份 60 元，沙鍋 Q 麵 80 元
- www.smartfish.com.tw
- 走國道 1 號下嘉義交流道，左轉接北港路直行往嘉義市方向，過嘉雄陸橋續接民族路，左轉文化路，右轉中正路可達。

新生早點

——峰炸豬排與饅頭燒

攝影：高建芳

嘉義人的早餐總是豐富多元，除了雞肉飯還有新生早點日式豬排可以選擇，裹了麵包粉油炸的豬排香脆不油膩，還能隨意選擇夾在三明治或蛋餅裡，近百的選項吃上半年也不膩。

早餐店不一定要裝潢的多漂亮，只要品項夠、口味佳、現點現做，一樣能闖出一片天，就如同開了二十年的新生早點，即便只是在騎樓設點擺攤，靠著幾樣明星菜色以及琳瑯滿目的招牌，也成為嘉義人早餐吃食的口袋名單。

新生早點名字很普遍，但是賣的各色早餐卻有很多是此地才有，最熱門的當然是廣告招牌上大大標示的「峰炸」系列。在密密麻麻的點餐券上，以峰炸為名的有峰炸豬排、峰炸蛋餅、峰炸漢堡、峰炸吐司等等，這裡的峰炸就是指日式炸豬排，或者可以解釋為頂級的炸物，這樣取名可以想見老闆對自家的炸豬排很有信心。

日式炸豬排是取一整塊豬排裹上麵包粉油炸出來的美味，外皮金黃酥脆。

3 | 1 / 2

1. 峰炸漢堡就是日式炸豬排漢堡。
2. 蛋餅是由店家自製的胚芽餅皮做成，內裹蛋皮、美奶滋、番茄醬等醬汁。
3. 新生早點是嘉義人早餐吃食的口袋名單。

呷好料

人氣飲品紅豆漿

紅豆漿是桂圓、紅棗與豆漿一起製成的特別飲品，喝起來有淡淡的桂圓香氣，有別於一般豆漿的風味，不論是喜歡豆漿或是紅豆的朋友，來到這裡可別忘了點一杯紅豆漿嘗鮮。

各式特色早點任你選

日式炸豬排是取一整塊豬排裹上麵包粉入鍋油炸出來的美味，外皮金黃酥脆，內餡的豬肉香嫩滑口，難怪受到大眾的喜愛。這道明星菜色可以添加進蛋餅、漢堡等吃法，而且擁戴的常客也很多。

蛋餅是店家自製的胚芽餅皮，內裹蛋皮、美奶滋、番茄醬等醬汁以外，還有一大份生鮮高麗菜絲，搭配條狀的炸豬排後，捲成圓筒狀油煎到金黃便上桌，吃起來的口感層次分明又有飽足感，配上人氣飲料紅豆漿就是最在地的吃法。饅頭燒就是饅頭漢堡，這是嘉義獨有的吃法，用饅頭取代漢堡麵包，兩面油煎香脆的饅頭內夾著豬排或泡菜、蔥蛋，散發出南部早點的古早風味。

INFO

- 地址／嘉義市長榮街 252-1 號（兆品酒店旁）
- 電話／ 05-228-5477
- 時間／ 06:00 ～ 11:00，每個月第二、四個週二休
- 價格／峰炸豬排 45 元，胚芽蛋餅 35 元起，饅頭燒 35 元，紅豆漿 20 元
- 交通／走國道 3 號下竹崎交流道，右轉林森東路續接林森西路，左轉文化路，右轉長榮街可達。

阿岸米糕

——用檜木桶炊蒸出來的在地美味

攝影：高建芳

鹹米糕選用口感更加彈Q的長糯米炊蒸。

認真一點的話，阿岸米糕的鹹米糕是可以一顆顆挑出來排排站好的，這樣的粒粒分明彰顯了店家對於烹煮米糕費心的過程，也難怪讓嘉義人從一九七六年開始捧場後，便成忠實顧客。

整潔的店面，文青風的設計，讓阿岸米糕沒有一般傳統小吃店的侷促，在暖色調的燈光與木質色系的裝潢設計下，呈現出一種明亮的氛圍。阿岸米糕現址是從創始的文化路夜市攤位遷移而來，第一代老闆張嘉雄讓嘉義的鹹米糕打出口碑，那時叫老張米糕，很多人下班後都習慣到攤子嗑上一碗才滿足的回家休息。

搬了家的米糕店小改了一下店名，叫作老張阿岸米糕，阿岸是張嘉雄的日文名字，保留了老張稱謂，也讓老客人有點念想。現在的店面由第二代張家兄弟張佳元以及張峻彰共同職掌，兩人的媳婦兒也成為經營主力，張家人都有著南部人的熱情，也如同他們製作的米糕一樣，讓人從脾胃裡就能開始感到溫暖。

鹹米糕無疑是店內的招牌產品，特別選用口感更加彈Q的長糯米炊蒸，而炊蒸的器具還是傳承自老老闆當年使用的紅檜木炊桶，據說這樣能保留住糯米的Q度以及香氣。阿岸米糕粒粒分明，整粒米三百六十度都帶著油亮色澤，這樣的成效來自於不斷的人工拌炒，把蒸熟的米飯混油攪拌以防止飯粒互相沾黏影響口感。肉燥醬汁是鹹米糕之所以美味好吃的功臣之一，拌炒過後的肉塊下滷鍋長時間熬煮，成就了香醇滋味，也讓搭配的小菜如貢丸、滷蛋等有了更棒的風味。

阿岸米糕現在由第二代張家兄弟張佳元以及張峻彰共同經營。

呷好料

來碗羹湯配米糕

雖然店裡的湯品選項不多，不過土魠魚羹是在地人所愛好的，店家採用魚漿的製作方法呈現出羹湯的清甜味，更是搭配米糕不錯的吃食。

- ／嘉義市東區民族路 420 號
- ／05-225-9359
- ／16:00 ～ 24:00
- ／鹹米糕小 25 元、大 35 元，土魠魚羹 35 元，貢丸 5 元，滷蛋 10 元
- ／走國道 3 號下竹崎交流道，右轉接 159 縣道往嘉義市方向，左轉文化路，右轉民族路可達。

慶昇小館

——網友投票認證的好吃炒飯在這裡

攝影：何忠誠

用蛋炒飯打江山好像不太現實，但是慶昇小館偏偏做到了，來這裡的客人都知道要點上一盤蛋炒飯，不管是原味、沙茶味亦或是特別的辣豆瓣味，只要嘗一口絕對上癮。

現今的店面是第二代老闆江銘賢改裝後呈現的樣貌，整潔、乾淨，帶有復古的簡約風格。

在平常的料理，只要有自己的特色，照樣能撐起一家店，對於嘉義人來說，慶生小館代表的就是蛋炒飯，這道看似人人會做的菜色，要征服每一個人的胃並不容易，而慶生小館的蛋炒飯掌握了「飯綿、蛋嫩、火候足」三大要點之後，就牢牢抓住了嘉義人的胃，不僅如此，它還曾經獲得全台十大好吃炒飯第四名的殊榮，而且跨過濁水溪它還是NO.1。

扛起招牌的蛋炒飯

二十五年前，慶昇小館的老闆江榮基離開了福義軒的工作崗位，退下製餅師傅的光環，在以前的慶昇戲院旁擺起小攤，要快速且餵飽客人的肚子，蛋炒飯是最佳選擇，於是再搭配其他熱炒類的菜色，慶昇招牌就這麼打穩了下來。

現今的店面是第二代老闆江銘賢改裝後呈現的樣貌，整潔、乾淨，帶有復古的簡約風格，牆壁上貼的不再是電影海報，而是嘉義地圖的插畫與食材的介紹。這裡的炒飯之所以讓人回味無窮，在於選擇了彈牙的台梗16號台灣米，炒飯的口味非常多元，包括原味、沙茶、番茄以及辣豆瓣，搭配的食材有牛肉、蝦仁、豬肉，當然還有簡單的蛋炒飯。

牛肉選用澳洲進口的沙朗牛，蝦仁也是每天新鮮從港口運送，料理不花俏，卻能保持原有的那個老味道，也是店裡總是高朋滿座的原因。除了炒飯之外，牛肉燴飯也是熟客必點的選項，小菜類每一道都很經典，即便只是炒青菜也不馬虎，理由是店家挑選青菜的品質也很嚴格。熱炒類價格平民，招牌是炒蛤蜊、炒魷魚、蔥爆牛肉等等，只要吃過了，就是他們的主顧客了。

呷好料

色、香、味俱全的炒飯

米類選用彈牙的台梗16號，食材以牛肉、蝦仁、豬肉為主，口味有原味、沙茶、番茄以及辣豆瓣，運用多樣種類的食材，搭配出風味不同的炒飯，偏愛吃飯食的朋友，可別錯過這香味四溢的炒飯。

/ 嘉義市西區新榮路 315 號

/ 05-227-0587

/ 10:00 ～ 20:30，週三休

/ 蝦仁炒飯 60 元
沙茶牛肉炒飯 75 元
五味魷魚 50 元
炒蛤蜊 110 元

/ 走國道 1 號下嘉義交流道，左轉接 159 縣道往嘉義市方向，過圓環後接民族路，左轉忠孝路，右轉公明路可達。

2 | 1

1. 這裡的炒飯之所以讓人回味無窮，在於選擇了彈牙的台梗 16 號台灣米。
2. 小菜類每一道都很經典，滷味更是老客人每次必點。

東門圓環火婆煎粿

——油蔥粿、菜頭粿屹立市場六十年

攝影：何忠誠

粿仔是嘉義人早時的選項之一，有湯及乾煎的兩種吃法，不管哪一種都能讓嘉義人儲備一整天的能量，在東門圓環設攤超過一甲子的火婆煎粿，以純在來米漿做成的粿仔就是嘉義人最愛的美味。

東門圓環是嘉義在地人覓食的去處，為了因應起早的買菜客，這裡的早餐吃食種類很多，其中包括了已經賣超過一甲子歲月的火婆煎粿。在素食早餐店風起雲湧的競爭年代，只賣油蔥粿、菜頭粿兩種項目的火婆煎粿，直到現在依舊高朋滿座。一大早方型的煎粿盤上就堆滿了一塊塊米粿，等著過油熟煎透出脆嫩焦黃的色澤與香氣後送到客人的手上。

粿仔好吃的關鍵

火婆煎粿之所以長期受到支持，在於他們至今仍舊用傳統的作法炊粿，用在來米漿打底，混合油蔥加醬油就是油蔥粿，

呷好料

在地熟客這麼吃

點一碗綜合粿，再加點個荷包蛋，淋上醬汁，這是在地人的吃法，不但可以品嘗到油蔥粿、菜頭粿的米香味，還有蛋香的味道。來到此店的朋友不妨也點上一碗，嘗一嘗這煎粿的美味。

1. 火婆煎粿在東門圓環經營超過六十年。
2. 這裡只賣油蔥粿、菜頭粿二種項目。

混合蘿蔔泥就是菜頭粿，炊蒸的容器還是用竹製蒸籠，讓粿仔保存了古早的風味。煮米漿過程是讓粿仔好吃的關鍵，加熱時要不斷攪拌以免凝固，之後還要蒸上一段時間後再放涼四小時才算完成，非常的費工。

店內最招牌的煎粿就是綜合粿，可以同時吃到油蔥粿、菜頭粿，如果再加上一顆荷包蛋那就是熟客人的吃法了，口感焦脆中帶點香嫩，還有淡淡的米香瀰漫在口中，既吃飽又能吃巧，難怪嘉義在地人總愛向朋友推薦。火婆的名字聽起來很響亮，

因為創辦人的老公叫做阿火，所以大家慣稱店名為火婆，現在接手的是第二代媳婦，繼續為嘉義人油煎這道好滋味。

吃煎粿最招牌的就是綜合粿，可以同時吃到油蔥粿、菜頭粿，再加顆蛋就很經典。

INFO

- ／嘉義市東區公明路 188 號
- ／0910-836-655
- ／06:30 ～ 11:30 ，14:30 ～ 20:30 在博愛路尚青黃昏市場擺攤
- ／油蔥粿、菜頭粿小份 30 元，大份 40 元，加蛋 10 元，丸子 + 油豆腐湯 10 元
- ／走國道 1 號下嘉義交流道，左轉接 159 縣道往嘉義市方向，過圓環後接民族路，左轉忠孝路，右轉公明路可達。

嘉樂福觀光夜市

——嘉義市夜宵場最佳去處

攝影：高建芳

比起享譽國際的幾大台灣夜市，嘉樂福觀光夜市卻是嘉義人及外地觀光客晚上解饞與消磨夜晚時光的好地方，這裡的小吃攤有水準，環境也整潔，還有不少如射擊等玩樂設施，滿足遊客們想熱鬧一晚的要求。

吃吃喝喝逛夜市，一般人都不太會去深想背後的經營者，只以為是多個流動攤販為了安在一個固定地點而成立的商業據點，這樣的想法不適用於嘉義的嘉樂福觀光夜市，這裡不僅有知名木材廠第二代的經營加持，還開了許多夜市先例，譬如攤販種類管制，攤販同類數量限制等等，有趣的是，夜市還週一公休呢。嘉樂福夜市成立了十四年，因為緊鄰家樂福賣場命名，這裡原本是振昌防腐木廠的用地，木廠的擁有者是南投車埕孫家的產業，夜市的發起者便是第二代孫國昌。

夜市攤位種類應有盡有

光看門面會以為夜市不大，其實占地廣達六千坪，屬於狹長型動線規畫，裡面的攤位包羅萬象，估計超過三百個攤位，在經營者刻意規範下，販賣同樣商品或吃食的現象不多。對於遊客來說，嘗美食是逛夜市的必要行為，嘉樂福夜市裡有不少知名攤家生意火紅，包括珍好佳無骨香酥雞、地瓜球、蚵男鮮蚵本舖、數一數二碳烤香雞排、小楊脆腸，以及鑫食堂關東煮等等。

珍好佳無骨香酥雞、地瓜球是嘉義很多在地商家都推薦的營養健康小吃攤，當大家都還在擔心油炸物的安全指數時，珍好佳已經知道不使用回鍋油，才能確保食的安心。珍好佳的老闆是一對聾啞夫婦，為了創業胼手胝足，刻苦奮發，很令人感動，他們的地瓜球香Q有咬勁，無骨香酥雞爽脆香，是夜市裡的人氣攤位之一。除了小吃美食，夜市裡還有射擊場、打擊場、碰碰車等遊樂設備可以體驗，也是享受嘉義夜生活氛圍不錯的好去處。

呷好料

回鍋油 OUT

夜市人氣攤位珍好佳賣的是香酥的無骨香酥雞和 QQ 的地瓜球，他們不使用回鍋油炸雞塊和地瓜球，有別於路邊隨處可見的鹽酥雞，是在地人認可的健康小吃攤。

INFO

- ／嘉義市西區博愛路二段 467 號
- ／ 05-225-9359
- ／ 18:00 ～ 24:30 ，週一休
- ／珍好佳無骨香酥 30 元起，地瓜球 20 元，鑫食堂關東煮干貝醬拌麵 35 元
- ／ www.facebook.com/clfmarket
- ／走國道 1 號下嘉義交流道，左轉接 159 縣道（北港路）往嘉義市方向，遇圓環，右轉博愛路二段可達。

1. 嘉樂福夜市成立了十四年，這裡原本是振昌防腐木廠的用地。
2. 珍好佳地瓜球香 Q 有咬勁，無骨香酥雞爽脆香，是夜市裡的人氣攤位。

黃記涼麵涼圓

——獨家特調醬汁酸甜好滋味

攝影：何忠誠

對自家的醬汁很有自信，所以這裡每一份涼麵、涼圓都有滿滿、滿滿的獨家特調醬料，不加辣的話，乳白淡黃色澤的醬料光看就很可口，攪拌混合之後，那一口酸甜滋味總是令人魂牽夢縈。

嘉義夏天的太陽熱度跟在地人的熱情成正比，就連嘉義人也快消受不起，問題是填飽肚子總不能都用剉冰解決，這時候來一碗涼麵或是涼透心的肉圓就很對味，要吃清涼的美食，老嘉義人總會介紹朋友上黃記涼麵涼圓解饞，超過三十年的老店賣的東西不多，就以涼麵、涼圓、粉條、粉粿冰以及皮蛋豆腐打下扎實的基礎。

黃記的涼麵用的是寬扁白麵，長期合作的製麵廠每天新鮮配送，麵的精華在醬汁身上，店家幾十年來都是以這

綜合涼圓冰除了有粉條、粉粿，還能搭配紅豆、綠豆、杏仁等配料。

黃記涼麵的醬料是混合了醬油、白醋醬、芝麻醬、蒜泥等內容，白醋醬還是用沙拉油跟蛋液打成，增加醬汁的滑順感。

一味混合了醬油、白醋醬、芝麻醬、蒜泥與辣油滿足客人的味蕾，白醋醬還是用沙拉油跟蛋液打成，增加醬汁的滑順感。

涼圓既有飽足感也能解暑熱，外皮是用地瓜粉漿製成，內餡比較特別，除了豬肉以外，還加了荸薺，吃起來更有爽脆感，涼圓配的醬汁與涼麵一樣，嘗一口酸甜辣兼併的滋味，非常過癮，這些吃法也同樣用於他們特有的皮蛋豆腐上。

炎熱夏日的甜蜜冰品

夏季限定的粉條與粉粿冰，都是老闆手工製作，用地瓜粉與粉圓粉混合而成，口感彈 Q 有咬勁。客人可以單選一種冰品試試，或者選擇綜合口味，將粉條、粉粿搭配紅豆、綠豆、杏仁等配料，會是夏日裡最甜蜜的涼品。

呷好料

無色素粉粿

黃記的粉粿在製作過程中沒有添加任何色素，顏色呈現透明的淡黃色澤，與外頭一般黃澄澄的粉粿有所不同。與冰品的配料一同品嘗，更能感受到粉粿的 Q 彈滋味。

INFO

/嘉義市東區興中街 6 號
/ 05-224-0620
/ 08:00 ～ 18:30
/涼麵 35 元起，涼圓 30 元，粉條、粉粿冰 35 元，皮蛋豆腐 25 元
/走國道 3 號下竹崎交流道，右轉接 159 縣道（林森東路、林森西路）往嘉義市方向，左轉吳鳳北路，右轉垂楊路，右轉興中街可達。

華南碗粿創始店

——滋味綿密口感彈牙

攝影：高建芳

相對於米飯，碗粿吃起來似乎更有飽足感，或許是滿滿的一碗，咬一口還有ㄉㄨㄞ ㄉㄨㄞ的彈跳感，可以當正餐，也能作點心果腹。華南碗粿從阿嬤時代就開始賣鹹甜兩種口味，甜碗粿據說是為了下午當點心用，算是體驗台灣味的下午茶時光。

碗粿好滋味代代相傳

嘉義作為台灣米倉之一，碗粿自然也是常民小吃，在嘉義市開了超過六十年的華南碗粿是在地人難忘的美食回憶，營業至今也由第三代接手。店名叫做華南碗粿，在於最早曾在華南戲院擺攤，即便搬了家，為了老客人也繼續延用這個名字。

店面在一個街巷的三角窗位置，一年多前經過裝潢整修呈現煥然一新的樣貌，簡單的原木色桌椅與動線清楚的點餐吧台，完全沒有一般小吃店油膩髒亂的感覺，這也是第三代小老闆的想法。

用在來米漿蒸煮出來的碗粿口感非常彈牙。

華南碗粿只賣碗粿、米糕與甜碗粿三種，其他則是搭配的湯品。用在來米漿蒸煮出來的碗粿口感非常彈牙，不管是添了店家獨門醬料的鹹碗粿，還是用黑糖做基底製成的甜碗粿，吃在嘴裡除了有淡淡米香，還能感受到綿密與細緻的味道。

鹹碗粿餡料扎實豐富，除了基本的豬肉、香菇以外，還有蛋黃、蝦仁等等，上桌前店家會先舀起一塊碗粿再添入醬料膏，方便客人食用，相當貼心，其他搭配的湯品則很推薦肉骨酥湯與苦瓜丸湯。

1|2
1. 在嘉義市開了超過六十年的華南碗粿是在地人難忘的美食回憶。
2. 店面在一個街巷的三角窗位置，一年多前經過裝潢整修呈現煥然一新的樣貌。

呷好料

飯後甜點甜碗粿

吃完了料好扎實的鹹碗粿，別忘了另一個裝甜點的胃，可以點上一碗由黑糖製作的甜碗粿來當作餐後甜點。

／嘉義市西區新榮路 148-2 號
／ 05-223-4282
／ 06:00 ～ 20:30，隔週週二休
／碗粿、米糕 25 元，甜碗粿 15 元湯類 15 元起
／走國道 3 號下竹崎交流道，右轉接 159 縣道（林森東路、林森西路）往嘉義市方向，左轉新榮路可達。

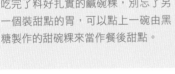

正老牌草魚湯

——難忘的魚鮮香的平民美食

攝影：高建芳

聽人說魚鮮魚鮮，吃魚強調的就是要鮮，正老牌草魚湯開業五十年以來，每天新鮮配送活草魚，讓客人能直接品嘗到草魚的細膩口感，加上營業時間含括了凌晨時段，為許多夜貓子提供更多美食選擇。

草魚是中南部魚類養殖的大宗，又叫作鯇魚，屬於鯉魚科的一種，因為肉質口感細膩又少刺，因此是魚鮮料理上常見的食材。正老牌草魚湯在嘉義營業已經超過五十年，最早只在凌晨時段販賣，二十多年前改為傍晚開始到隔日上午，為嘉義市民解決了早、晚餐以及宵夜的覓食困擾。

主打新鮮食材與用心料理

店面位在車水馬龍的博愛路上，空間寬敞，可容納約十來桌的客人，料理草魚的餐台就在店門口，老客人很愛看著一鍋鍋新鮮的草魚下鍋的樣子。經營者蔡老闆目前已經把棒子交接到第二代，對於做吃食生意，他們不著重在華麗的裝潢，只強調食材的新鮮以及烹調的用心，主打的草魚肉粥、草魚肉湯和草魚頭湯用的都是七、八斤甚至到十多斤的活魚，每天大清早就會有合作多年的漁獲提供商送來，處理過魚身再水煮至逼出魚肉的鮮甜味就可以。

這裡的菜色不多，以草魚為主的包括有魚肉（尾）粥或湯，另外還有魚頭湯，搭配的小菜都是魚內臟，最受歡迎的就是草魚卵，不過因為季節的關係，魚卵通常在春季較為肥美，另外還有魚腸及魚肝等等。

草魚雖少刺但還是要注意，老闆建議不擅剔魚刺的客人，可以選擇中間部位的魚肉，開吃的時候會發現桌上有醬油膏與芥末醬，魚肉本身就很鮮甜，不沾醬其實也很好吃，不過可以嘗試在吃魚皮或魚內臟的時候沾一點芥末醬，那種嗆辣滋味與肉質 Q 嫩同時在口腔裡迸發開來的感受非常過癮。

呷好料

新鮮活魚來熬湯

喜歡吃魚的朋友，可別錯過這家的鮮魚湯，老闆可是使用了新鮮的漁獲，來煮上一鍋鮮魚湯，喝上一口，嘴裡盡是魚的鮮甜好滋味。

INFO

- ／嘉義市西區博愛路二段 13、15 號
- ／05-233-8910
- ／17:00～隔日 10:30 週日休
- ／草魚肉粥 50 元，草魚肉湯 45 元，小菜 30 元，草魚頭湯時價
- ／走國道 1 號下嘉義交流道，左轉接 159 縣道（北港路）往嘉義市方向，遇圓環，右轉博愛路二段可達。

1. 草魚肉湯、草魚頭湯用的都是七、八斤甚至到十多斤的活魚。
2. 搭配的小菜都是魚內臟，最受歡迎的就是草魚卵。

李奶奶正北方麵點

——難忘眷村奶奶的手工菜色

攝影：何忠誠

婆婆媽媽給人的印象除了親切熱情之外，便是擁有一手好廚藝，李奶奶正北方麵點賣的就是北方媽媽們擅長的麵食料理與眷村菜，可口的炸醬麵、鮮美的炒餅還有讓人飽足的牛肉捲餅，都是菜單上不能錯過的好味道。

婆婆媽媽給人的印象除了親切熱情之外，便是擁有一手好廚藝，李奶奶正北方麵點賣的就是北方媽媽們擅長的麵食料理與眷村菜，可口的炸醬麵、鮮美的炒餅還有讓人飽足的牛肉捲餅，都是菜單上不能錯過的好味道。

傳承母系家族的眷村菜

餐館的老闆李德凱是建國二村長大的小孩，他的童年餐桌記憶是在奶奶、外婆以及媽媽的純正北方手工麵食與眷村菜手藝裡累積的，為了不讓嘉義的家常眷村味道消失，他在

為了不讓嘉義的家常眷村味道消失，老闆李德凱在二〇〇九年開了這間麵食餐館。

二〇〇九年開了這間麵食餐館，傳承母系家族料理的本事，也讓嘉義人多了一處可以品嘗正北方麵點的地方。

餐館店面乾淨整潔，讓人流口水的眷村滷味就在大門口的冰櫃裡勾引人，招牌的雞腳、雞翅、米血糕總是供不應求。店裡的菜色非常多，包括麵食類、眷村私房菜、餅類以及水餃等等，麵食類的明星選項是牛肉麵以及炸醬麵，後者的拌料是用豆干、絞肉以及炒過的甜麵醬製成，搭配彈Q的拉麵吃起來香滑爽脆。

1. 韭菜盒子以及眷村年菜獅子肉燴白菜都是必選經典菜色。
2. 招牌滷味的雞腳、雞翅、米血糕總是供不應求。
3. 炸醬麵是用豆干、絞肉以及炒過的甜麵醬烹調而成。

炒餅是在地人強推的麵食，這是北方人變換烹調方式的一種二手菜色，把昨日的蔥油餅切條與蔬菜雜燴一起煨煮又是另一種美味。捲餅是最不能錯過的人氣小點，店內的捲餅都是現點現做，那滋味一定得親自嘗過才能感受。另外還有紅豆鍋餅、韭菜盒子以及眷村年菜獅子肉燴白菜都是必選經典菜色。

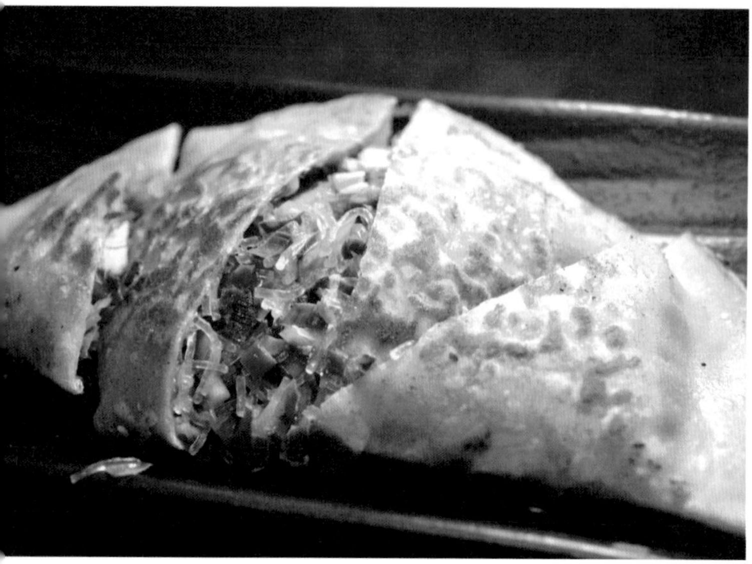

韭菜盒子也是眷村家常菜的點心之一。

呷好料

吃過才了解的美味

這裡的捲餅都是現點現做，用手工擀的麵皮薄透帶有彈性，煎過之後抹醬，包捲有嚼勁的牛腱、小黃瓜與青蔥餡料，咬下一口，青蔥的香氣混合著牛肉香與清爽的小黃瓜，如此的好滋味千萬別錯過。

- 嘉義市東區民權路 92-1 號
- 05-277-9991
- 11:00 ～ 14:00、17:00 ～ 20:30
- 雙醬拉麵 40 元，招牌炒餅 65 元，紅豆鍋餅 55 元，牛肉捲餅 90 元，獅子肉燴白菜 65 元，韭菜盒子 45 元
- www.facebook.com/chiayi.grandma.lee
- 走國道 3 號下竹崎交流道，右轉接 159 縣道（林森東路、林森西路）往嘉義市方向，左轉吳鳳北路，右轉垂楊路，右轉興中街可達。

巨無霸海鮮肉圓內餡用了八種山珍海味做成。

黑皮酥皮肉圓

——巨無霸肉圓誰與爭鋒

攝影：高建芳

肉圓是現任老闆游志豪的家族吃食賣店，從阿嬤時代就已經開始，游志豪接手後精益求精，在傳統的製作方法裡找到創新，將傳統肉圓 size 增胖，並且以酥炸外皮為號召，終於打出口碑，除了布袋總店之外，也有大量的宅配訂單。

黑皮酥皮肉圓的明星菜色是巨無霸海鮮肉圓，內餡用了八種山珍海味，絕大部分都是台灣在地的食材，包括有豬前腿肉、大干貝、布袋海蝦、埔里花菇、大甲芋頭、嘉義火雞肉絲等，外皮使用的是彈性絕佳的在來米漿，先炊蒸熟透之後再下鍋油炸，吃起來爽脆還有鮮美的海味，是布袋的人氣美食之一，另外還有酥皮漢堡肉圓、卡滋脆皮蝦捲、酥炸蚵仔等可以品嘗。

- 地址／嘉義縣布袋鎮中山路 43 號
- 電話／05-347-0202
- 時間／11:00 ～ 18:00
- 價格／巨無霸海鮮肉圓 90 元，酥皮漢堡肉圓 40 元，蚵仔湯 50 元
- 網站／happyfood.u98.com.tw
- 交通／走國道 1 號下水上交流道，轉接 82 快速道路往東石布袋方向，南下接 157 縣道，右轉台 17 線直行，續接台 61 線西濱公路，抵達布袋後右轉布新橋直行接中山路可達。

Chapter

2

風格餐館

從木造房到石頭屋，
義大利菜到法式甜點，
冠軍咖啡到高山茶，
五星級廚師到新港媽媽，
十一間餐館十一種不同風格，
帶你品嘗多樣的飲食文化。

森咖啡很巧妙的善用木屋原有的空間格局做店鋪的裝潢。

森咖啡
——日式老屋裡尋找京都風

攝影：何忠誠

森咖啡是嘉義老咖啡鋪 Mei cafe 的分店，成立才一年多，不同於本店長達十九年的經營，對於嘉義人來說，Mei cafe 是一種陪伴的記憶，森咖啡則是去品味老屋風華的迷人空間。

Morikoohii 按照日語發音的意思就是森林中的咖啡，嘉義是神木的故鄉，在充滿濃厚時光韻味的日式老屋裡喝一杯大師咖啡，無疑是尋找和風味道的最佳途徑。森咖啡是檜意森活村裡唯一的一間咖啡館，這處日式宿舍群在整修以及對外招商後，進駐很多非常特別的店鋪。

日式官舍打造成東洋風咖啡館

森咖啡在二〇一四年八月開幕，原建築是一棟高級官舍，店長林孝詒曾赴日本留學，對於掌握日本洋風咖啡館的精髓很有自己的想法。老屋是古蹟，因此承租的業者不能有損害建築物本身結構的設計裝潢，森咖啡巧妙的善用木屋，原有的空間格局做成店鋪的裝潢，玄關處是點餐櫃台，這裡也擺放了日本杯測大師伊藤篤臣創立的阿里山品牌咖啡豆，客人能現場品味大師的豆子，也能採買回家。咖啡館撤去了隔間的拉門，規畫出幾處座位區，日本屋子的緣側區域變身為有小小隱私性的小包廂，而較大的起臥空間則放上一大張長方木桌，搭配彩色的鐵椅子，很有衝突的美感。

咖啡館以單品及拿鐵、茶飲搭配鬆餅等輕食為主，阿里山咖啡是必點的選項，客人們可以試試日本大師用阿里山的咖啡豆烘出的綜合口感。夏日裡不能錯過店內的招牌冰飲，黑、白冰鑽咖啡用咖啡冰磚創造了咖啡的另一種風味，是年輕人很愛的飲品。

甜點是森咖啡的強項，店家在選擇製作食材非常講究，鬆餅粉是日本進口，採取現點現製的作法，種類有美式鬆餅（pancake）以及格子鬆餅（waffle）兩種，人氣選項是冬季限定草莓煎鬆餅以及四季水果佐天然香草夾冰淇淋鬆餅。

呷好料

白冰鑽咖啡

將溫熱的牛奶倒入由手沖咖啡製成的咖啡冰磚，當冰磚漸漸融化與牛奶結合，再品味咖啡，讓人感到十足新奇，想要一口接著一口，細細品味冰鑽咖啡的滋味。

- ／ 嘉義市共和路 199 巷 1 號
- ／ 05-276-1601 轉 2122
- ／ 10:00 ～ 18:00
- ／ 阿里山咖啡 160 元，鬆餅 160 元起，黑、白冰鑽咖啡 170 元，拿鐵 140 元起
- ／ www.facebook.com/morikoohii
- ／走國道 3 號下竹崎交流道，右轉林森東路往嘉義市方向，左轉共和路可達。

店內的鬆餅粉是日本進口，種類有 pancake 以及 waffle 兩種。

Bless 咖啡・茶・衣食

——瀰漫藝術的氣息與生活品味

攝影：高建芳

不像一般咖啡店的咖啡館，是大部分人對Bless的印象，用老物與廢材打造的品飲空間，流洩淡淡的時光氛圍，在這裡可以喝到好咖啡，吃到好點心，還能擁有自在的優閒情調。

1 | 2
1. 看發哥現場煮咖啡是一種享受。
2. 店裡的老物都是發哥蒐羅而來。

Bless是嘉義一個很特殊的存在，主人發哥與阿桂姐的名字常常出現在嘉義許多小店經營者的口中。「那個木桌是發哥幫忙找的」、「這件圍裙是阿桂姐做的」、「天氣正好，來去發哥店前的小公園曬太陽吧」……眾人口中的發哥與阿桂姐則是Bless咖啡館的主人。

說是咖啡館，其實也兼賣手作衣飾與金工、銀飾，發哥負責煮咖啡，阿桂姐專職做衣服。夫妻倆很會過生活，平日在市區裡開咖啡店，假日偶爾會到阿里山的自家小屋放鬆、發懶。這小屋，又是另一個故事，有興趣的人可以跟他們聊聊。

發哥與阿桂姐走過世界許多地方，做過很多工作，在體驗過前半段人生之後，選擇喜愛的咖啡作為停下行走的腳步。Bless開在嘉義中學側門，一棟屋齡四、五十年的水泥房，在發哥的巧手下成為一處瀰漫著舊時光味道的空間。

為自己創造獨一無二的咖啡時光

喜愛蒐集老物並賦予新生命的興趣，讓 Bless 成為老物的第二個家，看似隨意的擺設其實都在發哥的第一眼裡有了各自的位置。「布置這間店沒有任何設計圖，什麼位置該有什麼樣的呈現，憑感覺就能決定」，聽起來很玄，但美學觀感這種東西真的需要天賦。沒有人會想到拿國中的考試卷作為玻璃窗的遮陽糊紙，但發哥的店裡就是有這樣的一面窗，貼滿一張張英文試卷，薄透的紙張允許些微的陽光進入室內。發哥說，這也是老物，也是回憶過往時光的一種方式，很特別也很動人。

咖啡館以吧台區分成兩個空間，後面是個小包廂，也是迷你的小書房，當然，還有阿桂姐的手作衣物陳列。老客人很喜歡坐在吧台的位置，即便只有五、六個座椅，能近距離看著發哥專注手沖咖啡的過程也是一種享受。

吧台乃至於後方的木頭支架都是發哥親手打造，比較特別的是吧台立隔板是用玻璃木窗造，玻璃的部分也是菜單，日曬耶加雪菲、日曬蘇門答臘、瑞士有機奶茶……比較讓人感興趣的是黑糖蓮藕茶、焦糖紅酒蘋果茶，甚至還有啤酒，果然愈特別的店也賣愈不普通的飲品。

甜點是發哥的另一項專長，項目不多，偶爾會有新研發，幸運的話可以吃吃諸如地瓜奶昔之類的研創品，但是店裡的招牌還是以檸檬起士蛋糕、現烤焦糖布蕾最受歡迎，好吃的祕訣很簡單，天然的食材加上熟練的手藝就可以成功。Bless 讓人著迷與擁有好口碑的地方在於空間給人無拘束與慵懶自在的氛圍，來到這裡就跟拜訪好朋友一般，喝咖啡，談談近況，如此而已。

萌角落

用考卷營造懷舊空間

店內有一處玻璃窗，貼滿了英文試卷，當陽光灑落在玻璃，透過試卷，讓室內空間的光線變得柔和，散發出懷舊氛圍，一邊與朋友聊起過往回憶，一邊品味咖啡，度過一個美好的午茶時光。

1. 店裡的招牌以檸檬起士蛋糕、焦糖布蕾最受歡迎。
2. 說是咖啡館，其實也兼賣手作衣飾、金工與銀飾，衣服都是出自阿桂姐的手藝。
3. 吧台後面是個小包廂，也是迷你的小書房。

／嘉義市東區啟明路 124 號

／05-276-2917

／14:00 ～ 21:30 ，週一休

／瑞士阿爾卑斯花茶系列 130 元，奶茶 150 元，特別功夫茶 130 元 起，檸檬起士蛋糕，焦糖布蕾 70 元，手沖咖啡 150 元

／www.smartfish.com.tw

／走國道 3 號下竹崎交流道，右轉 159 縣道（林森東路）往嘉義市方向，左轉新生路，左轉啟明路可達。

芙甜法式點心坊

——以友情為基調，販賣甜蜜與夢想

攝影：高建芳

談夢想很簡單，堅持夢想卻不容易。芙甜法式點心坊是由幾個高中同學支持而實現的夢想更讓人感動，難得的是夢想打造出來的點心每道都美味可口，值得大力推薦。

3 | 2
1

1. 拿鐵咖啡加顆咖啡豆也是一種創意。
2. 百年歷史的檜木老屋因為一群年輕人飄散著香甜的味道。
3. 香蕉與芒果酥皮千層用的是台灣在地水果，夏季限定。

一般人總以為愛情使人盲目，這樣的概念，因為芙甜法式點心坊被生生的打破了。這間開在嘉義的法式點心專賣店，由七個嘉義高中的同學集資開設，就為了一圓好麻吉，也是芙甜的當家主廚徐嘉昌的甜點夢，眾人二話不說，全力支持，而這間以友情為基調，販賣甜蜜滋味的點心坊，也站穩了腳步，走過三年時光。七個同學撐起的夢想之所以成功，在於每個人各司其職，徐嘉昌負責甜點的創想，馮俊豪負責企畫與行銷，其他人有的做副手，有的提供意見，一群步入而立之年的青年也開始各自獨立，為點心坊的姊妹品牌 Fortune Fresh 芙甜蛋糕捲冰淇淋繼續奮鬥。

FORTUNE

從檜木老屋變身為歐風鄉村甜點屋

芙甜的店址位在嘉義舊稱老大通的中山路上，早年這裡充斥著檜木老屋，在道路兩旁建築逐漸被水泥樓房替代時，芙甜這棟百年歷史的檜木老屋幸運的被保存下來，繼而成為這間點心坊的營業所。

原本傳統的和風老屋在幾個年輕人親力親為改造下，變換成一棟有著鵝黃外觀的歐風鄉村老屋，他們沒有更改屋內的格局，因此客人們是在有著可愛小閣樓的空間裡品嘗美味點心。這裡原本就是三個獨立的店面設計，芙甜在不更動主結構的想法下，打通一樓的動線，小閣樓部分保留原有的隔板，改用兩側的樓梯來串連，巧妙的保有閣樓的隱密性，讓客人有探尋覓基地的神祕感。

不計成本百分之百用心製作的饗宴

若說老屋是吸引客人進門的要素，那店裡的點心就是留住客人腳步的中心靈魂。芙甜的點心在主廚天馬行空的創意發想下，每一道像是藝術作品，在「盲目友情」的支持下，不大考

沒有改變建築的格局，芙甜把百年老屋添加了點歐風味道。

慮食材成本的寬鬆讓主廚可以放心大膽的創作，在芒果盛產的季節裡採購高成本的愛文或金煌品種，而抹茶蛋糕使用的抹茶粉也是來自京都一斤高達六千元的商品，這樣要求完美讓客人得到了好康，嘗在嘴裡的就是百分之百用心製作的饗宴。

店裡每天都會新鮮現做十多種甜品，其中的招牌包括覆盆子優格杯、香蕉千層、芒果酥皮千層、盛夏光芒等等，覆盆子優格杯是用覆盆子果乾做成保護膜覆蓋杯口，杯內分層依序擺上餅乾、優格以及覆盆子果醬，可以分層品嘗，也能一次舀起三種口味，感受酥脆、酸甜的美妙滋味。香蕉與芒果酥皮千層用的是台灣的在地水果，所以芒果酥皮千層是夏季限定的點心，而香蕉酥皮千層也是每日限量，是輕熟女喜歡的口味。

覆盆子優格杯分層依序擺上餅乾、優格以及覆盆子果醬，可以分層品嘗。

呷好料

盛夏光芒

看起來像提籃的盛夏光芒是以芒果慕斯為基底，上層的四個可愛小半圓球是紅心芭樂口味，搭配紅橙夾心與費南雪蛋糕合併在一起的衝突感很奇妙，是不能錯過的佳品。

INFO

- 嘉義市東區中山路 168 號
- 05-225-6058
- 週一到週四 12:00 ～ 21:30、週五到週日 12:00 ～ 22:00
- 香蕉千層 130 元，拿鐵 120 元、芒果酥皮千層 160 元，盛夏光芒 135 元，覆盆子優格杯 150 元
- www.facebook.com/fortune.patisserie.2012
- 走國道 3 號下竹崎交流道，右轉林森東路續接林森西路左轉吳鳳北路，右轉中山路可達。

山茶花與鹿

——咖啡館、日雜店鋪與老物新生空間

攝影：高建芳

一杯咖啡，一壺茶，一塊蛋糕，一段好時光，山茶花與鹿用老物改造的空間為客人提供一處自在與私我的環境，並且在潛移默化中，累積讓生活更美好的設計與時尚。

山茶花是香奈兒的品牌代表花卉，鹿在日本是山神的化身，代表著慈愛與關懷大地的精神，把店名取為山茶花與鹿，是老闆AWA對設計創意的講究以及崇尚自然的想法，所以，來這裡不僅僅能品咖啡、喝好茶，還能嘗甜點，買雜貨，甚至於有機會欣賞素人創作者的藝術品，讓生活注入更多的美學因子。山茶花與鹿是一處融和咖啡館、日雜商鋪與老物新生展示空間的複合式據點，以往是三家小店各自分開。一年多前，AWA做了整合，讓客人在一段休憩的時光裡，能擁有多重的感受。

本身具有設計專長的AWA資歷非常深厚，她曾經是二〇〇八年國慶煙火logo的設計者，她的經歷證明台灣人的創意一樣可以傲視各國。離開五光十色的榮耀舞台，她想讓設計與美學在生活中展現，所以山茶花與鹿成了她揮灑的舞台，咖啡館的部分用了不少老物新生的點子，裁縫車的底座搭配一張長方木板就是很有復古風情的長桌，傳統的辦公鐵椅沒有過多修飾，也能成為咖啡館角落裡的一道獨特風景。

1|2

1. 這是一處融和了咖啡館、日雜商鋪與老物新生展示空間的複合式據點。
2. 除了咖啡以外，山茶花與鹿的客人也能品到老茶廠的當季鮮茶。

咖啡館裡也有阿里山美味好茶

日雜店鋪以一面水泥實牆與咖啡館區隔，AWA 在牆面鑿開一個方洞鑲嵌了大玻璃，但又不落俗的安上花格鐵窗，好似另一個緊鄰的住家，既親近又疏遠。日雜店的商品多以日本採購的服飾為主，走鄉村風格情調，很受年輕女孩的喜愛，這裡也有設計品牌的休閒鞋，由台灣設計師創作的 Southgate 品牌鞋既好穿又便宜。

咖啡館裡的飲品與甜點是老客人三天兩頭就上門的吸引力，這裡的咖啡有手沖以及義式特調，咖啡裡的人氣招牌是店長特調，用巴西咖啡豆搭配鮮奶沖出的美味，讓人驚喜。茶飲部分頗有來頭，AWA 生長於茶農世家，家族在阿里山上經營一間超過三十年的老茶廠，基於肥水不落外人田的道理，山茶花與鹿的客人總是能第一手品到老茶廠的當季鮮茶，招牌是溪井先生種的茶、蜜棗萱釀紅茶兩種，AWA 也會作成小包裝方便客人購買帶回家品嘗。

萌角落

提供展示作品的好地方

老物新品的收藏歸在地下室，這裡空間寬敞，目前還在規畫當中，待完工後，可以作為講座場地，也歡迎素人藝術家攜作品展示，對於豐富嘉義的美學涵養，AWA 全力支持。

甜點是 AWA 的興趣，沒有固定菜單，看當日出哪一款，客人就能吃到哪一款新鮮的手作甜點蛋糕，或許是香草檸檬佐蜂蜜焦糖煮蘋果，或許是抹茶戚風蛋糕佐阿薩姆紅茶奶油，當然，店裡也能預約訂做節慶蛋糕，譬如清甜戚風巧克力蛋糕、重乳酪起司蛋糕，都是能讓對方感受到甜滋滋的心意。

- 嘉義市東區成仁街 226 號
- 05-223-2701
- 14:00 ～ 21:00，週三、週四休
  週五 16:00 ～ 23:00
- 低消 168 元，手沖單品咖啡 160 元起，蜜烤吐司 200 元，小點心 65 元，溪井先生種的茶、蜜棗萱釀紅茶 150 元，山茶花與鹿特調 180 元
- www.facebook.com/Camelliaandreindeer
- 走國道 3 號下竹崎交流道，右轉林森東路往嘉義市方向，左轉成仁街可達。

1. 店裡另外一側是日雜服飾空間。
2. 復古的桌椅讓人感受到懷舊的氛圍。
3. 高腳椅座位區可讓三五好友擁有私密空間。
4. 這裡的甜點都是老闆 AWA 的手藝。

1|2
1. 聖塔咖啡也很講究輕食、甜品的材料與製作。
2. 幸運的話可以喝到老闆林育群現場手沖咖啡。

聖塔咖啡館

——堅持原創的咖啡精神

攝影：何忠誠

一杯咖啡、一份點心、一個角落，然後就是一段優閒的、私我的品味時光，聖塔咖啡館不奢望賺大錢，只希望每一位蒞臨的客人能體認到咖啡世界的美好與這黑金鑽石的珍貴。

嘉義的重度咖啡飲用者都知道，要喝上一杯好咖啡去聖塔咖啡館報到準沒錯，理由很簡單，因為老闆林育群也是嗜咖啡族，他從高中時代就開始了美妙的咖啡人生，從喝咖啡到自己烘豆子，然後為了投入咖啡領域特地考職人憑證，店裡一張CQIQ Grader的杯測師訓練暨認證是他的驕傲，萬分之幾的膺選資格很難得，也讓聖塔咖啡的老客人喝得很值得。聖塔咖啡開店六年，有趣的是，老闆還是嘉義中正國中的體育老師，課餘之時他都待在咖啡館裡，煮咖啡、烘豆子、做甜點。

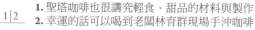

從雜貨店到咖啡館的轉變

咖啡館本身的建築也有故事，這是一棟六十年老屋，以前是雜貨店，經營者是林育群的祖母，長輩退休之後他讓雜貨店變身為有簡約優雅風格的咖啡輕食館，店裡的裝潢偏向輕工業風，可以看到名家設計的裝飾，也能看到老檜木打造的桌面，紅磚牆與森林木系色調讓這裡氛圍既輕鬆又自在。

用了聖塔作為店名，沒有太多糾結，是父親取的，因為喜歡外國女歌手唱的那首聖塔路西亞，簡單，不囉嗦。煮咖啡也是如此，據說南部人喝咖啡大多偏中焙程度，因此店裡的豆子多是如此，不過林育群特別推薦一支來自阿朵朵莊園的日曬豆，以淺烘焙的手法保留豆子的花香與果香，慢慢品味能嗅出堅果味，為了讓有興趣的人了解烘豆的樂趣，店裡也教授手沖咖啡的基礎課程。

點心甜品是店裡除了咖啡以外的主打，所有品項都是自家出品，而且不計成本，譬如麵粉一定要用日本進口的昭和、熊本的牌子，奶油用的是法國諾曼第依思妮奶油，精選的食材讓蛋糕、點心與咖啡一樣讓人念念不忘。

呷好料

搭配咖啡的美味小點

紅豆抹茶塔口感綿密，甜度適中，有種成熟仕女的風韻；用了有機檸檬的檸檬塔，酸甜並存，如同少時初戀的滋味，其他還有季節限定的草莓塔、芒果塔等等，是品嘗咖啡時光的最佳良伴。

/ 嘉義市東區興中街 10 號
/ 05-228-2025
/ 11:00 ～ 21:00
/ 義式拿鐵 100 元起，黃金曼特寧 110 元，檸檬塔 80 元
/ www.facebook.com/stcoffeest
/ 走國道 3 號下竹崎交流道，右轉接 159 縣道（林森東路、林森西路）往嘉義市方向，左轉吳鳳北路，右轉垂楊路，右轉興中街可達。

活泉人文茶坊

——檜木老香裡的悠遠茶韻

攝影：何忠誠

喝茶很容易讓人靜下心，不管有多煩躁，只要聞了茶香，抿了一口好茶，那在山間雲霧滋養的綠鑽石之美就能立刻體現，活泉人文茶坊就是希望每一位遊客能擁有這樣的感受。

只要先預約，茶坊現場會有茶藝師示範泡茶、品茶的過程。

茶點有綠豆糕、香柚麻糬、黑糖糕、金棗奶酪等等，是由嘉義的老字號食品公司卜大製作。

作為檜意森活村唯一的一間茶坊，活泉人文古典幽靜的空間是園區裡許多參訪團必選的地點，除了可以品嘗到台灣各式好茶以外，還能享受真正的品茶時光，而且只要時間或人數允許，現場還可安排茶藝師示範泡茶、品茶的過程。茶坊在二〇一四年八月進駐檜意森活村，因為嘉義的茶館不多，所以也顯得這間茶坊的珍貴。茶坊的業主是大同技術學院茶文化系的系主任，阿里山的許多茶農都是他的學生，為了讓優質的阿里山茶以及台灣的品茶文化在嘉義更加蓬勃，便選擇了這間有一甲子歲月的和風老屋，提供大家喝茶、品茶、說茶的美好時光。

細細地抿一口好茶

來到這裡最不能錯過的就是茶席體驗，時間大約為三十到四十五分鐘，茶藝師從選茶、挑茶、泡茶以及品茶等一氣呵成，讓人在茶香中可以享受寧靜與安心的氛圍，也見識到了喝茶絕不能牛飲，要細細品才能有更深刻的體悟。茶席體驗的茶品多是高山茶品種，末了還會搭配特製的茶點，包括綠豆糕、香柚麻糬、黑糖糕、金棗奶酪等等，這是由嘉義的老字號食品公司卜大製作，每一款甜而不膩，配茶正好。為了推廣茶文化以及讓茶坊的功能更多元，茶坊總會不定期舉辦講座，常態性的活動是「無我茶會」，內容包括奉茶、泡茶、品茶等，相關訊息可上臉書洽詢。此外也有音樂與藝文相關講座，曾邀請過日本手工吉他製琴師川畑完之造訪演奏。

/ 嘉義市共和路 199 巷 4 號
/ 05-271-2159
/ 週一到週五 10:00 ～ 8:00
週六到週日 10:00 ～ 20:00
/ 低消 160 元，活泉餐 250 元起，活泉紅茶 180 元起，活泉茶 180 元起，比賽茶 300 元起，冷泡茶 50 元，梅果茶食 120 元，茶吧哺冰淇淋 80 元。
/ www.facebook.com/HuoChiuan
/走國道 3 號下竹崎交流道，右轉接 159 縣道（林森東路）往嘉義市方向，右轉共和路可達。

呷好料

解暑茶聖品

夏季裡客人最愛買上一瓶高山冷泡茶解暑，小朋友最愛的就是以茶特製的茶吧哺冰淇淋，六種口味有凍頂烏龍、東方美人、茉莉綠茶、宇治抹茶等，是茶坊裡受到歡迎的產品。

茶坊內擺設了一方古色古香的長桌，是老闆蒐羅來的寶貝。

糜訝早午餐

——以彩色攤車出發傳遞美食快樂

攝影：高建芳

一位女孩的金旺小攤車，在嘉義這城市醞釀另一種生活方式，從糜訝的腳步看嘉義，感受不一樣的空間溫度，享用美好的「一日早食」，外帶一份早餐，找片草地，一起野餐吧！by 糜訝（文字引用於糜訝官方臉書）

一個八〇後的女生，有著飛躍的思緒與無拘無束的想法，因為愛上了在綠綠草坪上野餐的感覺，於是自己動手打造了一台移動攤車，賣起了簡易早餐，也順便看看嘉義市漂亮的風景，攤車外面用彩色木頭一塊塊堆砌，散發濃濃的鄉村風，設備即使簡單，也有自己的名字，叫作糜訝，英文MIA，也是老闆名，沒有任何故事，就是覺得好聽、好記。

用創意搭建夢想之店

移動攤車風吹日曬了好幾個月，在新舊客人的關照下，終於在二〇一四年十月六日有了固定的店面，自此，大家的早午餐時光有了溫馨、自在的去處。糜訝的店址是一間水泥老屋，MIA一樣發揮她個人對於空間設計的獨特美感，讓這間早午餐坊擁有了庭園鄉村的優閒味道，那台起家的攤車就擺在店門口，成為老客人們「朝聖」以及懷念的目標，而先前那個拖拉著攤車的金旺機車功成身退，已經「安養天年」去了。

剛創業的女孩沒有太多資金為自己的夢想穿上美麗的華裳，但她親手為店內布置的一景一物都是珍貴的創意，看著每一位客人邊吃早餐、邊欣賞空間的滿足表情，就知道夢想之店只要有想法，依然無價。店裡的客座位包括吧台區、一般座位區以及包廂區。吧台區是與主人聊天的好場所，過了早上通常是她繁忙的時段，有老客人很愛選擇靠近牆壁邊的位子，邊吃早餐、邊打稿子，似乎靈思泉湧。

特製肚臍堡飽餐一頓

包廂座位是MIA對草地野餐環境的再延伸，如果沒有辦法在清風吹拂的草坪上品嘗早點，那麼就到糜訝的草地野趣包廂滿

攝影：江

足念想吧！MIA 在這裡鋪了綠色人工草皮，擺上矮桌再點幾份招牌套餐，就是一段愉快的室內野餐體驗。這裡以早午餐為主，可以內用、也能外帶，MIA 用自己獨特的思維發明了不少菜色，以貝果、三明治、肚臍堡作為麵包體夾入各種餡料。肚臍堡是特製的麵包，因為中間有圈凹下去的小窩才這樣命名，是麋訝的新品項。餡料內容豐富版的有燒肉洋蔥、德式香腸起司、海苔鮪魚等七、八種，簡單版的就是夾蛋，有海苔蛋、培根蛋、肉醬蛋，另外也推薦歐美常見的歐姆蛋菜色，內餡有洋芋玉米、洋芋香腸、辣味起司三種，可以單點也可選擇套餐。招牌的飲料有豆漿紅茶，以及六種新鮮水果打的野果汁，香醇可口。

呷好料

午茶飲品發售中

麋訝在假日試賣下午茶，初期只賣飲品，除了野果汁，還有香檸奶霜冰沙、重乳酪黑糖奶、重乳酪抹茶奶等冰飲都是新口味，想要體驗麋訝週末的優閒午後時刻，記得共襄盛舉。

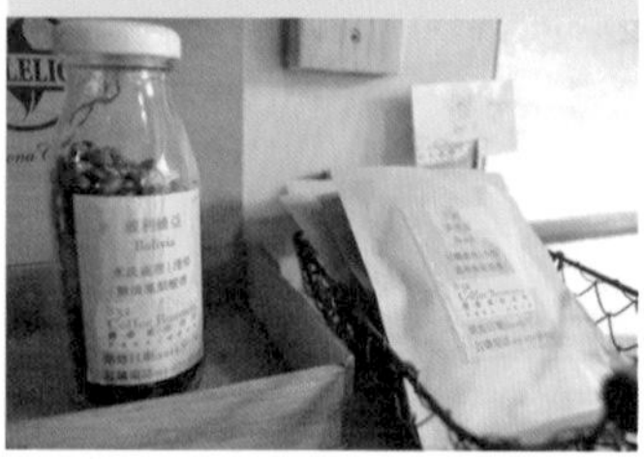

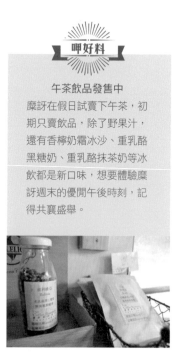

4 | 2/3 | 1

1. 麋訝的餐點很受老外的支持與歡迎。
2. 店裡有不少手創者的作品寄賣。
3. 歐姆蛋有洋芋玉米、洋芋香腸、辣味起司三種口味。
4. 包廂座位是 MIA 對草地野餐環境的再延伸，她在這裡鋪了綠色人工草皮，有室內野餐的 FU。

／嘉義市蘭井街 361 號

／0974-026-245

／07:00 ～ 14:00，假日午茶 13:00 ～ 17:00

／低消 80 元，貝果堡套餐 150 元，歐姆蛋套餐 140 元，貝果堡 55 元起，歐姆蛋 75 元起，豆漿紅茶 25 元，香檸奶霜冰沙 90 元

／www.facebook.com/maylalabobo

／走國道 1 號下嘉義交流道，接北港路往嘉義市方向，右轉博愛路二段，左轉民族路，左轉中山路，右轉蘭井街可達。

★／建議提早 15 分鐘訂餐

2|1

1. 小套房咖啡的主人是一個很年輕的女生，她喜歡料理，所以開了這間帕尼尼專賣店。
2. 店裡的飲料，都是年輕老闆的創意特調。

民雄小套房咖啡

——帕尼尼與優閒時光專賣

攝影：何忠誠

民雄不是只有肉包、鬼屋或傳統工廠，在有些地方已經有回鄉青年依照自己的夢想，開餐館，賣小物，小套房咖啡就是一個年輕女生回到家鄉重新開始的美好空間。

在以傳統工業與鳳梨植栽知名的民雄，小套房咖啡是一個很特別的存在，純白色調的外觀搭配幾個花草盆栽，散發優閒的鄉村風格，在這樣的鄉鎮，有這種風格的餐館，其實很對都市人的脾胃。

小套房咖啡的主人是一個很年輕的女生，她喜歡料理，在結束北部的工作之後，回到家鄉民雄開起了這間帕尼尼專賣店，之所以叫作小套房，在於餐館所在地的這處老房之前就是小套房的設計，作為店面經營空間雖然不大，但是裝潢得非常溫馨可愛，老闆用插畫、雜貨與可愛的小飾品布置，給予客人寧靜優閒的氛圍。

1/2

1. 店裡有不少可愛的裝飾，散發年輕女孩清新的氣息。
2. 餐館所在地的這處老房之前就是小套房的設計，所以稱為小套房咖啡。

帕尼尼是義大利特有的熱烤三明治，這幾年在早午餐店很受歡迎，製作帕尼尼的重點在於搭配的醬料，而小套房咖啡所用的醬料都是主人親自做的，招牌是野菇、里肌、牛肉，這是屬於鹹味的帕尼尼，甜味帕尼尼有三種，包括巧克力堅果、花生核果仁、野莓乳酪起司。而鹹味帕尼尼都是用全麥吐司、Kirkland 起司作為食材。店裡的飲料看似很常見，仔細一看還是能瞧出差別，譬如特調冰咖啡會用黑糖，芝麻蜜拿鐵則是以芝麻木與黑糖蜜混合調配，冰的咖啡歐蕾用了咖啡冰磚保持咖啡的純度，其他還有現打的奇異蘋果汁與季節性冰鎮萊姆汁都是不錯的選項。

呷好料

蜂蜜芥末里肌帕尼尼

蜂蜜芥末里肌口味的帕尼尼是用整塊煙燻火腿搭配自調的蜂蜜芥末醬做成，與焦脆的三明治一起入口味道濃郁香滑，附加的自製醃黃瓜酸鹹適中，非常開胃。

- 地址／嘉義縣民雄鄉福樂村埤角 19-1 號
- 電話／0985-289-269
- 時間／07:00 ～ 19:00，週一休
- 價格／蜂蜜芥末里肌帕尼尼 70 元，青醬雞肉起司帕尼尼 85 元，巧克力堅果帕尼尼 40 元，宇治抹茶拿鐵 80 元
- 交通／走國道 1 號下民雄交流道，左轉民雄外環道，右轉台 1 線，左轉 166 縣道可達。

新港客廳

——用美食為引介紹新港的在地魅力

攝影：何忠誠

呷飯、開講、買花、買菜，這是新港客廳招牌下很鮮明的介紹，點出了這個地方多元的特色。之所以叫客廳，是希望這裡有家的自在與舒適，成為一處可以提供四方遊客歇腳以及認識新港美麗景致的起點。

2|1
1. 手工黑糖粉粿是餐廳的招牌甜品。
2. 新港客廳春夏的菜色有日式蓋飯、蒜片香煎魚肚，秋冬自然是各種口味的火鍋料。

一間餐廳有時候不僅僅是提供美食的地方，也可以是在地社區文化與遊客相遇的橋梁，以及文創商品、藝文講座發光發熱的駐在地，新港文教基金會一直是新港提升社區營造特色的推手，他們也與鄉公所合作，整建了老建築將之變身為提供美味料理的新港客廳餐館，如同他們一直強調的一句話：「這是一處招待客人ㄟ好所在（台語）。」而這樣的好客精神已經持續十一年。

新港客廳是由一棟台糖舊宿舍改建而成，坐落在中正路與鐵道公園的交叉路口，為了讓餐廳腹地大一些，還特地讓房子後退了數公尺，設計了花木扶疏、草地青青的前庭院，院子裡還有藝術家黃文淵設計的雕塑馬賽克拼貼座椅，還有不同季節綻放的煙火花、紫流蘇與紅花緬梔。

拆卸原來的鐵皮屋頂並加上日式的木造雨淋板，新港客廳有了乾淨整齊的空間，濃濃的和風情調展現在挑高的天花板與木格窗框，一分為二的用餐區仍舊以穩重的原木色調做隔間，門窗都用土耳其藍色塗繪，平添些許明亮的色彩。

新港媽媽們巧手料理的天然美味

不管身在何處，媽媽們的家常菜總是能撫慰異地遊子疲憊的心，新港客廳的掌廚者都由鄉里媽媽們擔任，基金會讓在地婦女有二度就業的機會，而她們的手藝與熱情也讓餐廳有了非常好的口碑。餐館很注重健康的飲食條件，這裡採用的蔬果都是來自於新港附近的綠園½自然農場，以自然農法、無農藥、無化肥耕種的新鮮食材，除了提供給客廳使用，每天上午也會在餐廳旁販售，絲瓜、苦瓜、玉米筍、秋葵乃至於番薯、花生等，都是值得採買回家的無毒蔬菜。

隨著季節的變換，餐館會有不同的菜單，這些都是大廚手把手教導媽媽們之後，才有上乘的星級美味。春夏的菜色包括日式蓋飯、柴魚豬排燒、蒜片香煎魚肚，秋冬自然是各種口味的火鍋料，譬如養氣補神鍋、大漢蒙古鍋、養生藥膳麻辣鍋……等。不過在老客人的心裡，最念念不忘的還是媽媽們拿手的手工黑糖粉粿，黑糖得花上兩小時熬煮才能達到香濃甜沁的程度，而入口的黑糖粉粿彈Q有嚼勁，難怪是餐廳的招牌甜品。

比起好吃的菜肴，新港客廳固定推出的各式藝文活動也是這吸引人的特色，偌大的空間是藝術家們展現創意的天地，而不時舉辦的講座更讓這處小鄉鎮散發出濃濃的人文風情。這裡的精彩不只是展現在烹調上，而是屬於新港的韻味一直在悠悠緩緩的傳遞著。

萌角落

大咖級人物來開講

來到此處開講的不乏大咖級人物，包括台灣作家劉克襄，雲門舞集首席舞者周章佞等，讓你在品嘗媽媽們手作料理之外，還能參加各式的藝文活動增廣見聞。

1|2

1. 餐廳是由一棟台糖舊宿舍改建而成，座落在中正路與鐵道公園的交叉路口。
2. 新港客廳是一處招待客人ㄟ好所在。

- 嘉義縣新港鄉中正路 2 號
- 05-374-8472
- 11:00 ～ 14:00、17:00 ～ 21:00、14:00 ～ 17:00(需 2 日前預約) 週一休
- 手作黑糖粉粿 40 元，日式蓋飯 110 元，柴魚豬排燒、蒜片香煎魚肚 150 元起，陳年鳳梨醋 50 元
- zh-tw.facebook.com/hkfcecf
- 走國道 1 號下民雄交流道，右轉接 164 縣道往新港方向，到新港市區左轉中正路可達。

鄒築園咖啡

——不只賣茶，阿里山也有好咖啡

攝影：何忠誠

在一千兩百公尺海拔的高度喝咖啡，享受的是全國咖啡評鑑會冠軍得主烘焙與調煮出來的美味單品，還能簡單認識時下最流行的咖啡烘焙方式，鄒築園咖啡提供的不只是香醇濃郁，還有品味時光的優閒。

阿里山因為高海拔，一直是台灣高山茶的大本營，不過這樣的氣候也很適合種植咖啡，許多的茶農看中了咖啡這黑金的魅力，有不少人另闢蹊徑，種起了咖啡樹自己烘焙咖啡豆，鄒築園咖啡就是其中之一，還因此打響了自家品牌，並且培育出一位比賽常勝軍方政倫。

方政倫是鄒築園的代表人物，很多嗜咖啡者或者報章媒體很愛與他探討本土咖啡豆的培育以及烘焙過程，只要一般遊客有興趣，也可以預約請他當解說員，深度了解所謂的水洗豆、蜜處理或者日曬法等相關的咖啡常識。當然，到了鄒築園，喝上一杯香醇的阿里山咖啡是絕對必要的選擇。

咖啡館在二〇〇九年開始營業，尖頂石頭屋的外觀很符合山林的氛圍，特意的偌大玻璃窗可以一眼看盡翠綠的茶園。咖啡王子方政倫與爸爸方龍夫不是在咖啡館就是在往咖啡園的路上，因此不管新舊客人都有機會品嘗這兩人親手現煮的咖啡。咖啡的招牌單品包括水洗豆、蜜處理豆以及日曬豆，客人可以選擇煮咖啡的方式，現在人一般習慣品嘗手沖咖啡，而水洗豆的口感則較受大眾歡迎，女生則喜愛蜜處理豆特有的焦糖果香。

萌角落

咖啡休閒農莊

這裡也是一處寓教於樂的休閒農莊，除了有咖啡館，還有一處咖啡園與寬敞的露營地，時機捏好還能看到咖啡館前廣場曬咖啡豆的壯觀景象。

1|2

1. 咖啡館特意規畫的偌大玻璃窗可以一眼看盡翠綠的茶園。
2. 方龍夫對於種植以及烘焙咖啡豆有十多年的經驗。

2|1

1. 到了鄒築園，喝上一杯香醇的阿里山咖啡是絕對必要的選擇。
2. 鄒築園的招牌單品包括水洗豆、蜜處理豆以及日曬豆。

店裡搭配咖啡的點心之中，蜂蜜蛋糕與現烤鬆餅被老客人大力推薦，尤其是蜂蜜蛋糕味道綿密不甜膩，吃起來有乳酪和起司的口感，一定要親自嘗試。

- ／嘉義縣阿里山鄉樂野村 2 鄰 71 號
- ／05-256-1118
- ／08:00 ～ 18:00
- ／單品咖啡 150 元起義式咖啡 100 元起，蜂蜜蛋糕 60 元，鬆餅 100 元
- ／走國道 3 號下中埔交流道左轉接台 18 線上阿里山公路，於 65.5 公里處右轉產業道路約 15 分鐘可達。

小洋蔥料理的各式義大利麵湯汁收的恰恰好，讓餐點風味絕佳。

小洋蔥手作料理

——愛料理返鄉青年的餐館夢

攝影：高婕芳

義大利菜的精華在於對醬汁收放控制的程度，小洋蔥的料理因為有扎實的功力，所以端上桌的菜色每一道都非常可口，對於食物烹調他們寧可龜毛一點，全部手作，即便是每日例湯都得慢慢熬煮，這樣的堅持也讓客人擁有了品嘗美食的口福。

二〇一五年五月三號開始試賣以來，落腳在有著美術街之稱的嘉義成仁街上，內行人的眼光總會忽略賣美術用品、裱畫框之類的店家，反而對這間有著明亮窗景的溫馨小餐館抱以好奇，但凡吃上過一次都會變成老主顧，還會不遺餘力的向四方好友推薦。來嘉義，吃過了雞肉飯，嘗過了魚頭，不妨到小洋蔥手作料理換換口味，嘗嘗店裡的招牌燉飯與義大利麵。

小洋蔥的經營者是一對年輕的夫妻，老闆兼主廚 Jacky 有著愛做料理的顯性基因，尤其是義式料理，只要開個頭他就能綻放熱情，充分展現對於做菜的愛好與興趣。Jacky 夫妻倆本來在新竹開餐館，後來看到家鄉嘉義的發展潛能，便如同鮭魚洄游般打包行囊返鄉發展，開了半年的餐館客訪率很高，通常要預約才能入座。Jacky 的料理功夫來自於五星級飯店就職的師傅，他什麼都學，什麼都做，最終選擇用義大利麵、燉飯展現所長，而洋蔥是義菜裡常用的食材，便以此為店名。

不用調理包的新鮮醬汁

義大利麵的菜單裡，最有人氣的是豬肉醬細扁麵。對料理有潔癖的大廚討厭任何調理包，所以只要是菜色需要搭配的醬汁，他都寧願花時間用新鮮的食材熬煮。譬如肉醬麵的主角肉醬就是用了洋蔥、紅蘿蔔、小茴香等熬煮，據說風味要隔日最佳，燉飯方面考量到南部人的習慣口味，所以選用台灣米，米心要透，但不過硬，顆粒感出來的話就成功了一半。

店鋪初營運，燉飯菜色推出四種，日後會視客人的反應增加新菜色，招牌燉飯有義式牛肝菌鮮菇燉飯、羅勒青醬雞柳燉

呷好料

青醬燉飯

Jacky 用種在阿里山的羅勒來調配醬汁，使燉飯香氣濃郁，搭配些許的奶油味道，嘗起來非常美味。

飯、漁夫風情番茄海鮮燉飯……等，Jacky在醬汁的收放之間與燉飯、義大利麵配合的烹調功力相當高，難怪受到不少在地商家的好評。

1. 小洋蔥用餐環境寬敞明亮。
2. 招牌燉飯有義式牛肝菌鮮菇燉飯、羅勒青醬雞柳燉飯、漁夫風情番茄海鮮燉飯等。

- ／嘉義市東區成仁街 273-1 號
- ／05-275-2500
- ／11:30 ～ 14:00，17:00 ～ 20:30，週六中午休
- ／低消 120 元，主廚特餐 300 元，義式牛肝菌鮮菇燉飯 200 元，羅勒青醬雞柳燉飯 190 元
主廚特製豬肉醬細扁麵 180 元，辣味番茄海鮮細扁麵 180 元，開胃菜 100 元起
- ／走國道 3 號下竹崎交流道，右轉林森東路往嘉義市方向，左轉成仁街可達。

Chapter 3

山海／鄉鎮風情

西濱台灣海峽、東依阿里山的嘉義，
有著絕美的山林、遼闊的海景，
還有鄉鎮間的在地人文風情景點，
值得你細細玩味走上一回。

旺萊山鳳梨酥觀光工廠

——學士農夫用土鳳梨創造的美味小金磚

攝影：何忠誠

「台灣有個阿里山，民雄有個旺萊山」這是觀光工廠很朗朗上口的兩句話，到旺萊山不僅可以品嘗免費的鳳梨酥，還能現場觀摩製作過程；體力好一點的不妨到綿延無盡的鳳梨田裡逛逛吧，在那裡能認識不同的品種，而不只知道金鑽跟牛奶鳳梨。

觀光工廠的取名很應景也很在地，「旺萊山」有鳳梨台語發音的鄉土感，給人第一印象就很親切，去過旺萊山的客人都會認為老闆真是「佛心來的」，不管有沒有購買的意願，只要進了門，每人都能免費品嘗一塊鳳梨酥。這美味的小金磚體積比一般的鳳梨酥大且厚重，另外還奉送阿里山的高山茶搭配，這樣的「慷慨」源自於對自家商品的信心，只要嘗一口旺萊山的鳳梨酥，很少有人不買上個一、兩盒帶回家。

一顆鳳梨只做四塊鳳梨酥

旺萊山園區連同烘焙坊、工廠以及鳳梨田就有七百公頃，業主堅持用自家產的當季土鳳梨製作鳳梨酥內餡，一顆鳳梨只做四塊鳳梨酥，經過去皮、切碎、入鍋烹煮的流程，成就了金黃極品口感的鳳梨酥內餡。外皮酥脆不乾硬，內餡肉質細密，香甜多汁且帶有微酸滋味，每一口都能嘗到百分之百的用心。

萌角落

喵，跟著貓咪逛工廠

旺來貓是觀光工廠裡處處可見的卡通圖案，之所以採用貓咪為公仔主角，緣起於民雄早期的地名「打貓」；因此，可愛的貓咪自然成為旺萊山的 logo 首選囉。

1. 透過玻璃可以看到金黃香脆的鳳梨酥製造過程。
2. 觀光工廠很大方，每位遊客都能試吃一整塊鳳梨酥以及品味阿里山茶。
3. 旺萊山的公仔指示牌很可愛。

走逛工廠展區，輕鬆認識鳳梨

民雄的鳳梨之所以知名，在於它正好位在鳳梨喜愛生長的北回歸線氣候帶，加上當地的土壤呈紅色微酸性，更是培育美味鳳梨的最佳搖籃。這些知識都可以在工廠門市展區的二樓空間看到，旺萊山用可愛的圖文把專業的鳳梨知識呈現出來。

透過工廠的代表公仔「旺來貓」的引導，遊客在無意間就能吸收原本生澀的農學課題，逛了一趟園區，大家都能明白，除了金鑽、牛奶等常見的鳳梨品種以外，還能研發出如玉蘭花、芒果、櫻桃、百香果、水蜜桃等口味的鳳梨。來此觀光的遊客不妨跟著旺來貓的腳步，去一一認識旺萊山鳳梨酥觀光工廠的美味與美好。

- 地址／嘉義縣民雄鄉三興村陳厝寮1-3號
- 電話／05-272-0696
- 時間／09:00～18:00
- 價格／鳳梨酥10入350元、15入525元，鳳梨醋380元
- 網址／www.pineapplehill.com.tw
- 交通／走國道1號在民雄交流道下，接164縣道，過台1線接106縣道，往中正大學方向前進，過中正大學轉106-2縣道循指標可達。

熊大庄森林主題園區

——進入童話世界般的觀光工廠

攝影：何忠誠

因為喜歡清新的森林風格，從事保養品製造的業主，在冷硬單調的工廠區創造了一處有童話、有夢想，還有森林味道的玩樂景點——「熊大庄森林主題園區」於是誕生。這個以熊為主題的空間，讓遊客在可愛童趣的氛圍裡，找回兒時記憶的純真與感動。

1 | 2

1. 熊大庄主題咖啡館鄉村歐風式的設計帶點卡通味道的線條，是園區的地標之一。
2. 熊家族裡的熊旺爺爺以及熊美滿奶奶在戶外園區歡迎大家。

「山不來就我，我便去就山；森林不在我家隔壁，那麼就在家裡造一座森林吧！」因為這樣的想法，一向只有傳統產業工廠林立的民雄工業區，出現了一處以童話森林與萌熊家族為主題的旅遊去處。直到現在，不管平、假日依舊人潮洶湧，小到嬰兒，大到阿公阿嬤，人人都想一睹城市童話森林的樣貌，這處熱門的景點便是新開幕的「熊大庄森林主題園區」。

這座主題園區是由熊大庄國際實業有限公司開設，母公司從事保養品的製造，大老闆想在冷硬單調的工廠區創造一處有著童話、夢想還有森林味道的玩樂景點，所以以「熊」為主要基調加以規畫，讓遊客在可愛、充滿童趣的氛圍裡，找回兒時記憶裡的那一抹純真與感動。園區從二〇一五年三月底開始試營運，整座園區面積大約五、六個足球場大，規畫有熊大庄主題咖啡館、玻璃屋咖啡館、熊家族拍照區以及商品銷售展示區等幾個參觀內容。

迪士尼設計團隊參與規畫熊熊天地

熊大庄主題咖啡館就在大門口，這棟建築簡直就是活脫脫從童話故事裡的場景走出來——鄉村歐風的設計，帶點卡通味道的線條，紅磚斜屋頂、復古的煙囪、尖塔，還有在閣樓窗戶打招呼的小熊，都是讓小女生相當驚喜的元素。內部空間設有座位，可供遊客們點選飲料、品嘗輕食，是園區內除了玻璃屋咖啡館，另一處可以坐下來慢慢聊天的好地方。

熊家族拍照區在另一棟建築裡，若從主題咖啡館步行，只要三分鐘路程。這裡連結著商品銷售展示區，是一處能買能玩的地方。熊家族拍照區依照森林的感覺設計，建築挑高的空間讓人工大樹有機會伸伸懶腰，萌度爆表的熊家族旁，就是三棵直達天花板的綠色樹木，底下還有仿造樹幹打造的休息坐椅。這裡永遠都有人等著跟熊寶寶拍照，業主為了加深可愛感，特別邀請曾參與迪士尼設計團隊的設計師著手規畫。看著滿滿的人潮，可以得見作品相當成功。

在室內空間營造森林的感覺，讓遊客也能感受大自然的風情。

穿過熊熊大門的商品銷售展示區，可以購買熊大庄生產的各類保養品，最受歡迎的是面膜、身體乳以及手工香皂，有意願的話可以選擇試用體驗。走累了想要休息一下，可以到叫作「熊青」的玻璃屋餐館小坐，點一杯冷泡茶，或者叫一份義大利麵、薯條，慢慢享受愉快的時光。

萌角落

超卡哇伊的熊家族

熊家族區有森林小屋、山洞樹屋，快樂的天地裡鞦韆輕輕晃盪，熊奶奶慈祥的笑著，還有準備出門的熊爸、穿著圍裙的熊媽。置身這樣的氛圍裡，容易讓人靜下心感受優閒時光。

1. 立體樹屋是園區裡的拍照熱點。
2. 在這裡可以買到各種身體保養品以及沐浴用品。
3. 小巧的香皂可以作為伴手禮購買。

- 地址／嘉義縣民雄鄉頭橋工業區工業二路 17 號
- 電話／05-221-3799
- 時間／08:30 ～ 17:30
- 網址／www.bears.com.tw
- 交通／走國道 1 號下民雄交流道左轉，接民雄外環道，過民雄陸橋後右轉台 1 線，遇工業二路左轉可達。

民雄放送所日式招待所

——漫步進入時光的驛站

攝影：何忠誠

黑瓦、木屋與榻榻米，有了這些元素，總能輕易地感受到濃濃的和風，放送所旁的日式招待所在妥善保存下，忠實呈現了那個當時日職員工或高級官員的生活空間，讓人禁不住回想七十年前，那個邊聽著日語廣播，遙想遠方家人的時光。

民雄放送所的設立，代表著有不少的日本工作人員要飄洋過海到台灣述職，日方為了這些國家菁英，打造了一處舒適的居住環境，也就是現今放送所附近的日式宿舍群，當中包括一棟招待所。嘉義縣對於境內古蹟與歷史建物的保存不遺餘力，在有願景的規畫下，日式招待所與周邊空地經過整修，有了新穎的面貌，其中當屬日式招待所最為顯眼。

山川温泉旅社

招待所興建於昭和十五年（西元一九四〇年），與放送所同一期施工完成，連同附近的數棟官舍，共有八棟建物都被登錄為歷史建築。這是一棟兩層樓的木造建築，曾因九二一大地震毀損，後來經過整修重建，建築總面積約一百二十二坪，二〇一〇年尚未有外側的圍牆，五年後多了木製圍欄與大門，曾有戲劇節目借此處作為拍攝場景，門簷上的「山川溫泉旅社」是劇中場景之一。

傳統日本招待所重現

建築物用傳統的日本設計工法打造，站在馬路邊一眼望去，邊看到的是西側立面，前方的石磚走道兩旁種植大花紫薇，每年五到七月紫花綻放，為老屋平添許多浪漫色彩。穿過圍牆大門，順著石鋪小徑走，第一眼看到北側的立面，大門門柱的基座是洗石子鑲嵌卵石建材，這種作法比較少見。屋頂則是台灣日式建築裡很常見的文化瓦切角頂式格局，在脊端與脊頂都可以看到鬼頭與鬼瓦裝飾。內部空間也依照典型的日本招待所呈現，一樓是入口玄關、廣間（宴會廳）、梯廳與應接室（會客室），二樓則是續間（起居室）、居間（寢室），以及緣側（走道），在這裡可以清楚了解日本招待所的樣貌。

整棟建築呈L型設計，長屋部分多為居間，其他則是大、中廣間，一、二樓都有供住客入住的居間，約四坪左右，雖然面積不大，對於早期的旅客來說已經是很不錯的住宿點。招待所目前不作任何營業使用，僅提供遊客參觀；幾間會客室曾辦過茶會或藝文活動，希望未來能招商成功，讓民眾有機會在此品茶、體驗日本茶道，重溫那個悠悠揚揚的年代。

3|2|1
4

1. 招待所興建於昭和十五年（西元一九四〇年），用傳統的日本設計工法打造。
2. 招待所裡的會客室仍保留當初的模樣。
3. 當年還設有洗浴間讓住客能洗個舒服的澡。
4. 窗柱的竹子雕刻手法在日式屋宇比較少見。

嘉義縣民雄鄉民權路 50 號
05-259-3900
週三到週日 09:00 ～ 12:00、13:30 ～ 16:30
www.tbocc.gov.tw（嘉義縣文化觀光局）
走國道 1 號在民雄交流道下，接 164 縣道，左轉中樂路，左轉昇平路，續行接民權路可達。

民雄國家廣播文物館

——留住聲音的歷史建築

攝影：高建芳

在人手一機、不時滑動螢幕的現在，很難想像不過七十多年前，發射音訊還得靠一台比貨櫃車面積大上兩倍的中波發射機，這種對新人類來說老扣扣的文物，在歷史中卻彌足珍貴，感謝相關單位的保留，讓民眾能在民雄的國家廣播文物館親見。

在戰事緊張的時候，控制傳播的力量，通常就能有效阻絕對立方統戰的目的；日治時期，日方在台灣建立多個廣播站台，也是基於這個理由，隨著歷史的扉頁翻過，這些當年沒有毀於戰火、有幸保留下來的設備，如今除了是遊客聆聽過往故事的憑證，也見證了廣播電台的發展歷程。

現在的廣播電台，日治時期稱作「放送局」。台灣比較知名的放送局，除了台中市放送局以外，就屬嘉義民雄放送局最

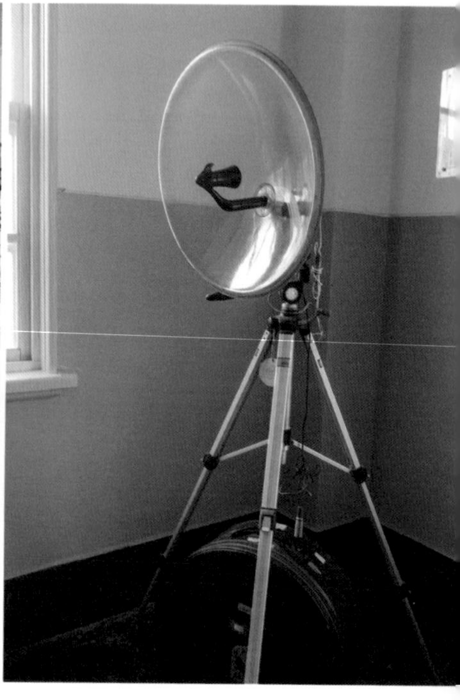

1|2

1. 這是早期收錄聲音的機器。
2. 這座大型的發射機由日本 NEC 電器製造公司設計發明，已經超過七十歲。

文物館外牆用十三行磚鑲貼，土褐色澤是保護色，處處散發復古的風情。

具歷史意義。當年日本政府為了阻擋南京政府傳送消息，以及對島內民眾進行心戰喊話，特別選擇了一馬平川、面積廣大無礙的嘉南平原設立放送站，在昭和十五年（西元一九四〇年）完成這座可以發射超高功率的廣播站，現在作為國家廣播文物館對外開放參觀。

古董級設備，見證歷史變遷

文物館建築方正平整，屬於現代式設計，使用新式鋼筋水泥為建材，沉穩大氣，綠色窗框搭配淡黃貼磚牆面，外牆用十三行磚鑲貼，土褐色澤是保護色，處處散發復古的風情。一、二樓各個空間作為古董機組的陳列區，最吸引人的就是「古董發射機展示室」，當中所展示的中波發射機，由日本NEC電器製造公司設計發明，恰好與建築同齡，目前已經超過七十歲；難得的是至今仍能運轉，再一次讓人見識了日本製產品的高使用率。其他展示間則陳列了台灣九個中央廣播電台分台的真空管儀器設備，包括一具價值五百多萬的真空管，當年堪比數間台北的房子，十分驚人。

聲音要發射得遠，靠的絕對是天線鐵塔。民雄放送局那時不僅能讓聲音訊息涵蓋全島，甚至連東南亞、中國江蘇及南京都能收聽，這要歸功於兩座蓋在文物館周邊的T型天線鐵塔。鐵塔高達二百零六公尺，當年可說是民雄的一〇一，不過隨著時光嬗遞，鐵塔功成身退，僅保留偌大的支撐地機供後人憑弔。這些故事透過文物館的導覽志工一一介紹，說書般的生動語調，讓往事活靈活現——因此，聽導覽也成為前來參觀時值得推薦的一個特色。

2|1
3

1. 館內保留不少當年使用的廣播文物。
2. 一台聲音發射機需要龐大的設備機具才能運轉。
3. 當年高達兩百零六公尺的T型天線鐵塔已經拆除，只能從圖片上仰望。

INFO

／ 嘉義縣民雄鄉民權路 74 號
／ 05-226-2016
／ 09:00 ～ 11:00、13:30 ～ 16:00
／ 門票 50 元
／ museum.rti.org.tw
／ 走國道 1 號在民雄交流道下，接 164 縣道，左轉中樂路，左轉昇平路，續行接民權路可達。

彈痕成為英雄標記

「中波發射機」這座令人稱奇的大型的發射機，除了身為古董，另一處值得大書特書的，就是機身上的彈孔遺跡。二次大戰美軍與日軍對抗，台灣遭受池魚之殃，部分地區也受到美軍轟炸機的「關注」，戰鬥機在嘉南平原上空盤旋掃射；放送局內，古董發射機由於靠近窗戶，當下中彈，所幸沒有影響機台的運作功能，反倒留下歷史痕跡。館方特別將之標示出來，也算是另類的「英雄標記」。

板陶窯交趾剪黏工藝園區

——最貼近休閒的工藝夢想園地

攝影：何忠誠

走一趟板陶窯，才知道換個想法，那些放在博物館裡的交趾陶與剪黏藝術品，也能冠上幽默、逗趣、可愛等形容詞。創辦人設立園區的精神很動人，卻沒有用太過嚴肅、說教的手法為大家介紹百年傳統工藝，看著園區裡一個個裝置藝術品才知道，原來，交趾陶與剪黏這麼有看頭。

交趾陶與剪黏是中國很重要的工藝文化，台灣歷史悠久的廟宇都能欣賞到不少交趾陶與剪黏工藝大師的作品，嘉義從以往對於這項傳統技藝的保存就不遺餘力，也給予擅長這項傳統技藝的大師一展所長的空間——嘉義市的交趾陶博物館便可以欣賞大家名作。至於板陶窯交趾剪黏工藝園區，創辦人陳忠正本身就是這項傳統工藝的專家，他想讓交趾陶與剪黏更貼近生活，於是在家鄉板頭村打造了一處好玩、好看，甚至有好吃的

工藝園區，自二〇〇五年開幕以來，已經是遊逛嘉義不可錯過的旅遊景點。

工藝園區規畫有「板陶窯園區」與「剪黏主題餐廳」兩個部分，各有售票出入口，兩區可互通，前者有交趾陶剪黏工藝館，板陶屋餐廳、民宿，DIY 體驗工坊以及江南庭園戶外景致。交趾陶剪黏工藝館可以清楚認識這兩項工藝的歷史與製作過程，這裡還包括一個原吋的隧道窯。

傳統工藝褪去嚴肅，也可以萌萌的

交趾陶屬於低溫彩釉軟陶，彩釉內含金屬成分，燒製時首先要軟化，接著研磨成粉末之後上釉，也因為這個金屬成分，才讓交趾陶擁有寶石般的璀璨色彩。剪黏則是一種鑲嵌手藝，早期台灣的師傅都是將日本碗剪成一個個薄片，再黏貼在灰泥粗胚上；後來以彩瓷碗替代。一九八〇年代以後技術進步，「淋湯」法燒製出來的剪黏片被大量運用，現在所看到比較新穎的剪黏作品便是由此而來。館內的鎮館之寶八仙交趾陶作品堪稱經典，而「百鳥朝鳳」剪黏作品可以同時看到淋湯片與磁碗片並存的時代進程意義。

板陶窯是欣賞戶外交趾陶、剪黏立體壁畫創作的最佳場地，除了隨處可見的萌趣小童、表情可愛的青蛙，還有Q版草泥馬、貓咪花橋以及山櫻花剪黏戶外作品，還有

二〇一五年才完成的板陶窯貓站與迷你小火車鐵道。小童們姿態純真，忠實呈現頑皮孩童們幼時生活，或灌蟋蟀、或撈河魚，當然少不了帶著網子捕夏蟬的動作，一群一群非常可愛。

2/1

1. 藝術品也能與民眾互動，在板陶窯園區許多小朋友玩得很快樂。
2. 用交趾陶也能把可愛的頑童生活展現的活靈活現。

萌角落

DIY，創作專屬工藝品

DIY 工坊是不可錯過的體驗，這裡準備了陶盤彩繪、剪黏馬賽克拼貼、陶偶彩繪以及陶板彩繪，四種不同的 DIY 商品供遊客選擇。陶板彩繪花的時間最少，每次準備的粗胚陶板模造型不同，最讓人喜愛的是草泥馬，完成後可以到園區裡的羊駝飼養區一起合影。

- 嘉義縣新港鄉板頭村 42-3 號、45-1 號
- 05-778- 0832
- 09:30 ～ 17:30。餐廳週二到週日 11:00 ～ 17:30。DIY ／ 陶盤彩繪 200 元，陶板彩繪 120 元
- 入園費 100 元，餐飲陶板燒 250 元，日式火鍋 250 元
- www.bantaoyao.com.tw
- 走國道 1 號在嘉義交流道下，接 159 縣道（北港路），過新港遇高鐵高架橋，右轉直行約 700 公尺可達。

新港頂菜園鄉土館

——用老物勾勒童年的鄉村記憶

攝影：何忠誠

現在的小孩拿著悠遊卡搭捷運，以前的小孩拿著紙車票給車長夾票洞；現在的小孩夏天吃哈根達斯或莫凡彼，以前的小孩一口一口趴躂也吃得很開心……。過去的時光與老東西之所以讓人珍惜，在於往日逝去不可再回；不過還是有人不服氣，堅持夢想與毅力，把兒時的童年回憶一一重現，這就是頂菜園鄉土館。

「今日事，今日畢，過了今日就不必」、「君子報仇三年不晚，小人報仇一天到晚」、「以前王子公主是童話，現在老夫老妻是神話」……一條條令人捧腹大笑的標語，總是讓遊客們才踏進頂菜園鄉土館就有好心情。幽默的語詞展現在古樸的木頭電線桿上，讓大家放鬆心情，正是鄉土館的老闆陳明惠先生的用意。看完這些標語，總會有一股——再難的事情也沒什麼大不了的想法。

農村轉型現風華
鐵斧開闢舊荒村
鐮犁鏟除
01-323

雙手打造一處台灣五〇年代純樸農村景色的陳明惠，本身就是土生土長的新港人，同時也兼任頂菜園社區發展協會的理事長。有感於多年前本地人口嚴重流失，陳明惠興起了把人留下來的念頭。於是，他將周邊親戚朋友的土地整合，規畫了一座沒有圍牆的鄉土文化博物館，在這裡的所有的老東西，都是一件一件蒐集而來，包括園區裡的明星物件——客運車站站牌、售票亭、剪票夾與幾十年前的紙車票，甚至還有退役的老公車等。讓三、四年級的叔叔阿姨重溫了兒時回憶，讓九〇後、〇〇後的小孩也能看看六〇年前的農村美景，陳明惠將自己童年的鄉村記憶原汁原味呈現。

老舊器物重生再上新舞台

開了十二年的頂菜園鄉土館面積有三、四公頃，一直是團體旅遊與校外教學最愛選擇的路線。除了可以一睹少見的農村景色，好玩的園區規畫也是吸引人的地方。大門入口處有兩尊大型的農夫農婦公仔，這是由藝術家江季鴻打造的作品，名為豐足，代表了嘉義人勤懇質樸的態度，所穿衣物上也有嘉義的代表特產如鳳梨、魚鮮

1 | 2

1. 頂菜園重現台灣農村質樸的樣貌。
2. 這是老闆收藏的正港嘉義縣公車站牌。

等等。這裡當然也少不了阿里山小火車，公仔之後，就是長長的木頭電線桿小徑，有數輛退役的公車等著大家合影。

農村開封府是許多老舊器物重生的據點，讓這些文物有新的舞台可以被大家看見。譬如傳統的理髮椅、木桌、圓凳等等，在社會已經走向凡事便捷的趨勢時，這種保存古老時光韻味的作為顯得更有意義。

1. 古樸木頭電線桿上幽默的語詞每每令人捧腹大笑。
2. 這裡是老闆陳明惠童年鄉村記憶原汁原味呈現。

偌大的園區古文物多的讓人眼花撩亂，靠近後方的草坪區還有可愛的羊咩咩；這裡打了一口井，一旁是台灣農村典型的穀倉。而在媽媽柑仔店可以大買特買零嘴小玩意兒，夏天裡嘗一口冰棒也是很過癮的事。

／嘉義縣新港鄉共和村頂菜園12號

／05-781-0313

／08:00～18:00
餐飲08:00～18:00
（平日需預約）

／門票50元，含導覽100元，焢土窯每窯300元

／localfarm.ho.net.tw

／走國道1號在新港交流道下，接164縣道往新港方向，過高鐵高架橋下循指標右轉可達。

新港交趾剪黏藝術村

——用藝術重新尋回觀光客

攝影：何忠誠

「相信火車ㄟ轉來」，這是板頭厝車站外設的標語，也是板頭村居民對於家鄉發展的期望，把一個村莊打造成藝術村，需要經費、人力，還有向心力，板頭村人做到了，遊客來了，他們成功的把家園的特色展現在眾人面前，值得驕傲，也能作為他方的典範。

當所有的都市小孩忙著低頭破解手機上的遊戲關卡，遠在嘉義新港鄉的板頭村卻有一群小孩，忙著爬牆，忙著放羊，忙著在稻田間追趕跑跳碰，每每讓造訪的遊客開心微笑，紛紛拿起手機拍照、留念。而這群表情逗趣、姿態可愛，並吸引旅客目光的孩子，其實正是新港寶貴的交趾陶藝術作品。

板
板頭阿兄
板頭阿兄

沿著五分車鐵道，欣賞藝術畫布

舊河道由版畫家黃水水先生設立，原本在北港媽祖醫院，後來遷移到板頭村，豐富了當地的藝文元素。他同時也是板頭阿兄涼水店的老闆，當大家揮汗欣賞板畫藝術的同時，適時遞上一碗冰涼甜品，非常貼心。

板頭厝車站在二〇〇八年按舊址重建而成，站體不大，一個四方木造屋靜靜矗立在鐵道旁，裡面有車站相關歷史圖文與剪報介紹，讓大家了解這裡的故事。過了車站不久就會看到一群牛拖著犁與牛車，這是藝術家用馬賽克磚創造的農村景象，鐵道沿途也有不少用馬賽克磚拼貼的休息座椅，既美觀又舒適。

原鄉四季苦楝樹是這條藝術路線很具代表性的一幅戶外大型作品，這是文建會藝術介入空間計畫位於新港的第一期完成品，特別聘請了九位藝術家設計，歷時一年多才完成，苦楝樹高三十一公尺，寬有五公尺，用了數萬個碗片、酒甕與交趾陶製作，一眼望去大方氣派，難得的是小細節也不含糊。在苦楝樹附近的復興鐵橋也是台糖五分車行經的一段，兩端分別是雲林與嘉義線，鐵橋功成身退，在二〇〇一年被列為歷史建築，板頭村在這裡架了一座觀景台，可以眺望四周的美麗景致。

呷好料

看版畫，喝甜湯

板頭阿兄涼水店的招牌是千里順風湯與板頭綠豆饌；前者是由白木耳、桂圓、紅棗等熬煮成的甜湯，後者是用綠豆仁花時間蜜煉完成，比較特別的吃法是店家會添加油條提升爽脆口感。

3 | 2 | 1

1. 板頭厝車站附近用馬賽克磚創作出來的可愛作品。
2. 沿著台糖五分車舊有的載運鐵道散步，可以欣賞大小不一的藝術壁畫作品。
3. 這座復興鐵橋在二〇〇一年被列為歷史建築，一旁有觀景台，可以眺望四周的美景。

- ／嘉義縣新港鄉板頭村
- ／ 0938-612-065(板頭阿兄)
- ／ 09:30 ～ 18:00，週一休
- ／千里順風湯、板頭綠豆饌 30 元
- ／走國道 1 號在嘉義交流道下，接 159 縣道（北港路），過過新港遇高鐵高架橋，右轉可達。

新港南崙北崙彩繪村

——為家鄉覆上彩繪臉譜

攝影：何忠誠

一群人一起做一件事的凝聚力是很熱血的！在新港，南崙、北崙二個社區的居民才剛享受過這種熱血澎湃的時刻。他們拿起彩筆，在自家的牆面描繪出家鄉的臉譜，或卡通、或童話，不管專業與否，衝著他們這種執著就值得走上一遭。

自從台中彩虹眷村一炮而紅以來，台灣大大小小的鄉鎮社區居民似乎也靈光一閃，想著「何不讓自小成長的家園也有這樣精彩的面貌？」所以，一種名為彩繪村的「病毒」開始在各鄉各鎮蔓延開來，原本單一的、寧靜的、人口稀少的社區，有了漂亮的壁畫，有了好奇的遊客，枯坐家中的阿公阿嬤有人陪著聊天，三不五時還可以賣個輕食涼水，賺點小外快，這是彩繪村對地方造成的影響力。其中也包括了新港鄉的南崙、北崙二處社區村落。

2015 03 30
南崙村
Lily chen
崙子

家鄉，是遊子的心靈寄託，對於家鄉的臉譜，他們也有各自的構圖。南崙、北崙距離車程不到十分鐘，當地的社區居民也分別畫上了代表性的彩繪圖樣，南崙是龍貓彩繪壁畫大軍，北崙是青蛙彩繪圖騰。兩個地方的風情各有特色，唯一不變的，是全部灌注了熱情在畫作上，遊客們看著繽紛的色彩以及可愛萌趣的圖案有了好心情，也因為這些壁畫，拉近了與居民們之間的距離。

北崙青蛙呱呱呱　南崙龍貓多多龍

北崙社區的彩繪壁畫之始，源於旅居在外的北崙人陳莉莉。她不忍見到受風災毀壞的兒時家園景色枯寂，便把母親居住的屋舍整理後描上鮮豔的圖案，引起居民的興趣，她也教導大家拿起彩筆，各自為自己的家園妝點上豐富的臉譜。北崙的壁畫作品分散較廣，一般來說從復興國小開始，沿著主要的社區道路就能看到；復興國小的是蝴蝶彩繪牆，往北到了八六縣道就可以看到青蛙王子牆以及兩尊大型公仔。在豔陽下，公仔戴斗笠拿鋤頭，表情超可愛。村子裡除了青蛙圖騰之外，還有幾面牆壁畫著恐龍圖案，筆法非常專業，破框而出的暴龍栩栩如生，不少遊客假裝驚恐表情與之合影，非常幽默。

南崙的龍貓彩繪村在二〇一四年才開始陸續完成，主要畫作是龍貓，也有一些諸如老皮、皮卡丘與海賊王等等。南崙與北崙村的情況一樣，畫作都是居民一筆一畫，傾注心力完成，包括社區理事長也「下海」留下了龍貓與皮卡丘的壁畫，彩繪圖畫大部分經費是村民集資與募捐得來。壁畫作品主要集中在崙仔橋下與一旁的北港溪護堤，這裡的龍貓不僅活靈活現，還很kuso！除了經典的等公車畫面，還有人發揮想像力，讓龍貓當起數學老師，問遊客們二加二等於多少；另外還有龍貓放風箏、龍貓吃西瓜等等，每一幅都令人莞爾。至於海賊王夥伴大圖則出現在堤防邊，幾個主角都在，也吸引不少海賊迷們的朝拜腳步。

／嘉義縣新港鄉北崙村 75 之 4 號（北崙村復興國小）

／05-376-0635（北崙村長辦公室）

／走國道 1 號在大林交流道下，接 162 縣道，過溪口接 162 縣道，右轉 86 縣道，往北崙社區可達，從北崙村續走 86 縣道左轉 145 甲，縣道可到南崙彩繪村。

1. 南崙的龍貓彩繪村在二〇一四年才開始陸續完成，各種姿態的龍貓是遊客們合影的主角。
2. 老皮是壁畫描繪者很愛取材的圖案。
3. 北崙的壁畫以青蛙圖案較多，也有恐龍或其他卡通圖案出現。

竹崎親水公園

——璀璨花仙子步道與天空走廊

攝影：高建芳

得益於花仙子步道與天空走廊的高人氣，竹崎的著名景點不再只有竹崎火車站。以往遊賞公園景致只能走走地面上的步道過過癮，在竹崎親水公園則能漫步在緩緩爬升的木棧步道，以及樓高五層的天空步道，讓人體驗公園的另類風貌。

1｜2

1. 野薑花步道全長約四百公尺，得因於步道兩旁種滿野薑花，在每年的六到十一月綻放。

2. 入口處這列古董車廂讓遊客們回味過往的鐵道風情。

看景，可以有很多角度，俯視或者仰望都會有不同的風光，近幾年來台灣各個名勝點，都不約而同的在森林或樹木群中架起了天空步道，豐富了大家欣賞景致的視野。至於開放了一年多，現在仍然是熱門景點的，就是竹崎親水公園天空走廊。

竹崎公園原本只是當地一處老景點，因為靠近竹崎火車站而稍有知名度，在規畫新設施之前，少有外地遊客蒞臨。但因為緊鄰朴子溪，加上園區內綠意盎然，有幾條林間步道，也是在地居民很喜歡在假日散步遊憩的地點。為了讓這個老景點有更多人知道，竹崎鄉公所與嘉義縣政府提撥經費，打造了天空走廊與花仙子步道，讓遊客得以在高約五層樓的步道上，凌空欣賞樹冠層的美景，在潔白彎曲的林間木棧步道觀綠意與嗅花香。全新設施瞬間讓竹崎親水公園暴紅，每天都有大量的遊客造訪，是老景點賦予新生命的最佳典範。

攝影：江明麗

花仙子步道，野薑杜鵑各有風情

花仙子步道有兩條，一條靠近大門處，步行約十分鐘的路程。步道順著公園的地勢與植被狀態規畫，遊客沿著馬蹄形步道緩緩上升，原木平台搭配白色的圍欄，在綠意環繞下特別清新。這條步道稱為「野薑花步道」，全長約四百公尺，兩旁種滿野薑花，在每年的六到十一月綻放，屆時白色小花瓣隨著濃郁的花香一起飄散在園區內，讓人自然而然放鬆心情、紓解壓力。另外一條花仙子步道，則因為栽種杜鵑花，取名為「杜鵑花步道」。位置靠近弘景吊橋，按照地勢設計步道，呈「之」字形攀升，一段緊黏著一段，與野薑花步道的風光又有不同。

空中走廊，挑戰恐高極限

天空走廊就設在野薑花步道另一端的出口，全長約有一百八十五公尺，樓高約五層。為了配合園區樹木群的生長，在不砍伐一棵樹的情況下費心打造，走廊呈不規則狀，每數十公尺用一處鋼材托柱支撐重量，所以有限制行走的人數，每一個圓環平台僅容十人的重量。有別於多數天空步道使用透明玻

攝影／江明麗

璃建材，這裡的空中走廊以白色鐵網鋪成，兩邊用扎實的鋼條支撐，非常安全，空中走廊最高離地十九公尺，在上頭可以清楚看到樹冠層的生態，幸運的話還可以看到五色鳥的蹤影。

1 | 2

1. 空中走廊每數十公尺用一處鋼材托柱支撐步道重量，相當堅固安全。
2. 空中走廊最高有遺地十九公尺，可以清楚看到樹冠層的生態。

愜意景色

園區周遭好去處

逛完園區裡的明星步道，其實周邊還有不少好玩的地方可以去，譬如大門口陳列的古董蒸汽火車頭與車廂、橫跨在朴子溪兩岸的弘景橋與千禧橋，以及兒童戲水區等等，都是不可錯過的玩樂區域。

- 嘉義縣竹崎鄉竹崎村中華路竹崎大橋旁
- 05-261-1181(公園管理處)
- 09:00 ～ 17:30(天空步道開放)
- 走國道 3 號在竹崎交流道下，接 166 縣道，左轉台 3 線可達。

鰲鼓濕地森林園區

——海埔新生地蛻變成自然生態寶庫

攝影：高建芳

聽到濕地兩個字，別再以為只有綠叢叢的一片海茄苳——在林務局、雲嘉南濱海管理處的打造下，鰲鼓濕地森林園區成為一處可以賞鳥、騎單車、看海邊蚵棚、逛在地社區的好玩去處。這裡很適合租一台單車，跟著園區地圖的每一個停駐點，發現鰲鼓獨一無二的生態之美。

四十八年前，鰲鼓其實是一大片的甘蔗田，這是台糖為了發展農業而在海邊所開發的海埔新生地，讓千頃土地變成了一望無際的綠色蔗田；後來本土製糖業沒落，蔗田一度荒廢，加上時常有海水倒灌，讓臨海田地失去了耕種的功能，成為荒煙之地。這片本來讓人惋惜的土地卻意外的自行復甦，蓬勃的生機引來不少嬌客。

超過三百多種的植物如雨後春筍般冒了出來，兩棲爬蟲類、夜間生物，以及超過六百種的動物在鰲鼓安了家；最讓人驚喜的是，光是在此棲息的鳥類就超過兩百種，幾乎占了台灣鳥種的一半，讓愛鳥人士趨之若鶩，每年十二月上旬在西堤區架起高倍數望遠鏡，迎接過冬候鳥的手姿。鰲鼓溼地森林園區總面積廣達一千四百七十公頃，坐落於北港溪出海口南側，附近就是東石鄉的四股社區。這裡原本只是一處溪口邊的濕地，在二〇一一年整合了濕地與平地造林，規畫為濕地森林園區，在二〇一二年十一月正式開放。

攝影／江明麗

1|2

1. 晴朗天色輝映下，濕地水澤彰顯處處生機。
2. 觀海樓的頂樓戶外鳥瞰區可盡情欣賞一望無際的濕地美景。

攝影／江明麗

騎單車御風在海堤旁、綠林地

初抵達這一片偌大的溼地園區絕對會迷路，因此先到外圍的東石自然生態展示館拿張地圖比較保險。在這裡，最佳的參觀方式為單車旅行——從展示館由北側沿著海堤騎車繞一圈是一條路線，沿途可以爬上海堤，欣賞養在外海的蚵棚；若向著園區中心的平地造林區遊逛，也是另一種路線。一處是綠蔭處處的自然景致，一處是海風吹拂的舒心與優閒。

園區裡有幾個主要區域不能錯過，除了展示館以外，中心造林區的白千層大道、木麻黃大道、竹林大道是單車巡遊的輕鬆路線。林務局沒浪費這百頃土地，卯起來種樹，又依照樹種的不同分區栽種；所以遊客們總能在筆直的林間道路發現茂密的木麻黃，以及樹幹白刷刷的白千層樹林，另外還有苦楝、茄苳、桉樹……等。順著造林區的海埔北路，騎到底可以抵達觀海樓，這裡有室內展館，也有戶外鳥瞰區，可盡情欣賞一望無際的濕地美景。

要近距離觀察濕地生態，最適合的地點在南堤與北堤二條體驗步道，都是輕鬆好走的木棧平台。南堤規畫了一處人工濕地，在這裡能觀察鳥類棲息狀態，七、八月時，開著艷黃花朵的黃槿在晴空下燦爛綻放，隨處可見。黃槿與海茄苳同屬海邊常見植物，想要看海茄苳南堤的七孔水門設備附近便能見著。

3 | 1 / 2

1. 南堤防車道沿途的觀鳥小屋，可以觀察黑面琵鷺、黑嘴鷗、埃及聖環等珍貴鳥類。
2. 中心造林區的白千層大道、木麻黃大道、竹林大道是單車巡遊的輕鬆路線。
3. 南堤與北堤二條體驗步道都是輕鬆好走的木棧平台，這裡也能觀察濕地生態。

愜意景色

小屋內觀賞保育鳥類

南堤防車道沿途設了幾處觀鳥小屋，季節對的話可以看到黑面琵鷺、黑嘴鷗、埃及聖環、琵嘴鴨、赤腹鷹、灰面鷲等，都是珍貴的保育鳥類。

- 嘉義縣東石鄉鰲鼓村 12 鄰四股 54 號（東石自然生態展示館）
- 05-360-1801
- 08:30 ～ 17:00（東石自然生態展示館與觀海樓），週一休
- 走國道 1 號下水上交流道，轉接 82 快速道路往東石布袋方向，南下接 157 縣道，右轉台 17 線直行，續接台 61 線西濱公路，在雲嘉大橋前左轉接嘉 2 縣道可達。

布袋洲南鹽場

——在海水流動的土地收穫粒粒結晶

攝影：高建芳

布袋臨海，迎面吹來的風總帶有絲絲鹹味，遊客們或許覺得黏膩，但對於洲南鹽場的製鹽師傳來說卻是生活之必需，在這裡可以看到豔陽下矮身撈鹽的辛勤身影，走過一遭才明白製鹽的辛苦，之後也會粒粒珍惜這可以美味料理的美麗結晶。

攝影／江明麗

1. 洲南鹽場在一八二四年就已經闢建，重新規畫後現由布袋嘴文化協會負責管理。
2. 入口處有藝術家們為鹽場創作的裝置藝術品。

大部分的人都知道鹽的提煉多數來自於海水，但除了鹽工以外，沒多少人能準確說出製鹽的過程，台灣西部沿海因為氣候與季風的關係，是絕佳的天然曬鹽場，所以早在清末時期就已經開闢了鹽田，其中包括了嘉義布袋的洲南地區。

洲南鹽場在一八二四年就已經闢建，清朝鹽商吳尚新與新厝仔的魚塭戶一起打造了當地的製鹽榮景，直到二〇〇一年鹽場才停止運作。七年前，嘉義縣文化局與布袋嘴文化協會找回當年的老鹽工，用石磚瓦土木竹重現老鹽田的樣貌，一格格棋盤式的鹽田，在朗朗晴空下各司其職，為遠方來的遊客驕傲的展現洲南鹽場的時代韻味。布袋嘴文化協會目前管理鹽場的所有事物，想要有趟精彩的鹽場之旅，記得打電話預約導覽，即便只是一家四口，他們依然可以為遊客介紹有關製鹽的知識。

享受海水洗禮，產曬流程一目了然

鹽場的主要鹽田在步入大門後約十分鐘的路程，協會很貼心的規畫出參觀曬鹽的流程，從引進海水到鹽田裡，進入鹽管溝，然後是五區溝（引水道）、淨水池、大蒸發池、小蒸發池、

鹵缸、結晶池，到最後的鹽堆地，時間剛好的話可以看到製鹽師傅在現場撈取結晶鹽，通常他們會在每一個晴日的上午及傍晚時分工作，有機會可以聽聽那個古早時代產鹽的故事。這裡還特別規畫了一個鹵缸泡腳區，讓遊客坐下來好好享受海水的洗禮。

大小蒸發池代表海水不同的鹽濃度，大蒸發池經過陽光曝曬下，鹽濃度會從三度增加到十度，小蒸發池的更高，可以濃縮到二十五度；至於鹵缸內超級鹹的海水不叫海水，稱之為鹵水，因此鹵缸裡的鹹度可想而知會有多驚人了。古早的鹽田頂多出產粗鹽或細鹽，後來知道曬鹽後海水表層最初的結晶除了含有微量元素之外，也能為料理添加風味，洲南鹽場的製鹽師傅也開始拿起網撈，細心蒐集那一層薄薄的鹽花，而不再只等著掃撈一堆堆的粗鹽，讓鹽商品也多了一些選擇。

觀山望水平台上，遠眺鹽田風光

想要眺望鹽田壯闊的景致，可以拾階走上協會打造的觀山望水平台，展望台是用竹架與鋼材合併打造，大約一層樓高，一旁還有鋼條創作的高蹺鴴，順便介紹了鹽場周遭的動植物生態，這裡最常見的就是吳郭魚、濱水菜、紅冠水雞……等。來到這裡，除了認識鹽的產曬，不妨也留心欣賞周遭生態環境，會是很不一樣的體驗。

呷好料

伴手好物 — 天然鹽品

想要帶點鹽場的紀念品回去，可以到鹽場的紀念品店逛逛，必買的明星商品包括鹽花、霜鹽、粗鹽、今浴良鹽，都是自用送禮兩相宜的天然好物。

此為布袋嘴文化協會的辦公處所與賣店所在地。

2 | 1
3 |

1. 協會在觀景台旁用鐵柱打造的白鷺鷥作品。
2. 鹽場必買的明星商品包括鹽花、霜鹽、粗鹽等都是很棒的在地特產。
3. 想要有精彩的鹽場之旅，記得打電話預約導覽。

- 嘉義縣布袋鎮新厝仔 402 號（嘉義布袋嘴文化協會）
- 05-347-8817
- 週一至週五 09:00 ～ 12:00、13:30 ～ 17:00
- 鹽花 (40g)198 元、霜鹽 (200g)78 元、粗鹽 (1kg)58 元、今浴良鹽 (560g)250 元（價格僅供參考）
- budai.pixnet.net
- 走國道 1 號過嘉義水上交流道，轉接 82 快速道路往東石布袋方向，南下接 157 縣道，左轉台 17 線看到「布袋國小」右轉，進「海港大道」，於第一個轉角右轉可達洲南鹽場入口。

水山巨木步道
——宛如精靈住所的鐵路林間步道

攝影：何忠誠

光影透過林中樹木間隙照射，讓這條少有人煙的步道平添些許暖意，因為才新興打造，讓水山巨木步道不若森林區裡的巨木群步道來的熱門，也保留林間小道寧靜的樣貌，讓每位旅人初初造訪，擁有窺探祕境的樂趣。

1. 鐵道中間鋪上碎石或碎木屑，走起來輕鬆舒服。
2. 步道盡頭是一片筆直高聳的林木，穿過林間就能看到水山巨木。

參訪阿里山的遊客很多，近年來陸客激增，不管平、假日，幾乎「攻佔」了所有知名景點，人多了熱鬧，但也少了份山林特有的靜謐感。如果不想人擠人，那麼當地人小聲推薦的水山巨木步道就是不錯的選擇。

有如仙境般的絕美步道

水山巨木步道全長大約有一點六公里，入口離沼平車站步行只要五分鐘，因為才剛整修完成，知道的遊客並不多，所以漫步其中人煙杳杳，很有一分化外仙境的空靈感覺。以水山巨木作為步道名稱，自然是因為終點處有一棵樹齡二千七百年的紅檜神木。

入口處設有倉庫工作站，偶爾會看到鐵道工作人員在此施工，從這裡大概每兩百公尺設置一個里程石碑，讓人了解還剩多少步程。步道的美在於順著地形而延伸出來的彎曲感，曲型鐵道搭配灑滿了金黃碎木的步道，兩旁便是筆直的人造杉木林，忽有陽光傾瀉，忽有山嵐飄過，那景色的迷人只有身歷其境才能感受。

路徑平緩好走是這條步道之所以值得推薦的地方，另一個好處便是常有「驚喜」出現，運氣好的話可以看到珍貴的帝雉出沒，當然不時響起的鳥鳴聲也是散步時絕佳的陪伴樂曲。

探訪樹齡兩千年的水山神木

大概在零點八公里處可以看到阿里山鐵道與阿里山公路的蹤影，想要跟小火車打個招呼可以在此稍稍停留一下。一點五公里處有一座木造的簡易月台，這是當年水山車站的所在地，也是步道地形最寬敞的地方。

步道中途可以看到這棵已經中空的大樹，約可容納五～六人左右。

一點六公里是鐵道終點，這裡翻修了當年打造的木桁橋梁，長度約有一九一六公尺，很有仿古意境，橋下是個引水道，目前已經沒有山澗淙淙流過。

鐵路已到終點，但是想看水山巨木還得爬個二、三百階梯才能抵達，這一段路被密林包圍，放眼都是綠意，空氣清新，讓人心情舒暢。兩千七百歲的神木仍穩穩的散發生命力，樹高約有三十公尺，傲然立於群木之間，粗壯的樹腰圍超過了十六公尺，看起來也很驚人，這裡屬於阿里山的水源保護區，所以水山巨木也有水庫神木之稱。怕阿里山人太多嗎？不用擔心，水山巨木步道絕對會給你一個安靜無擾的美好時光。

INFO

／嘉義縣番路鄉觸口村車埕 51 號

／ 05-259-3990

／在嘉義火車站搭乘嘉義線公車往阿里山森林遊樂區的車班，在阿里山車站搭乘小火車到沼平車站下步行 5 分鐘可達步道入口。

水山巨木步道的前身

2 | 1 **1.** 水山巨木平台可以休憩，此處也有解說牌介紹神木資訊。
2. 長度約有十九公尺多的木桁橋梁是仿造舊橋重新建造。

阿里山的森林鐵道聞名世界，除了本線，也有不少分出來的支線，水山巨木步道就是水山支線鐵道停駛後，規畫出來的林間步道。水山支線屬於自忠線鐵道其中一環，以前可以由此通往東埔。自忠線鐵道是為了紀念張自忠將軍命名，日治時期稱為兒玉線，「兒玉」則是取自曾任台灣總督的兒玉源太郎。當時在沼平車站附近有設車站，以接應從水山支線鐵到另一端林場載運出來的木材。

Chapter 4

老建築新面貌

老建築歷經歲月的淘洗成為古蹟，
藉由整修或翻新再利用，
重現過往風光的面貌，
不變的是那悠久的歷史故事，
等著你來訪。

北門車站——時光嬗遞百年淬鍊

攝影：江明麗

搭火車是很興奮的，尤其是要在一座百歲以上的車站，搭乘阿里山小火車更讓人激動，北門車站整修了七年依舊新穎，墨綠的外牆有別於其他老車站，在藍天下更顯亮眼。

北門車站是阿里山森林鐵路起始的第一站，在台灣的鐵道史無疑佔有一席之地。這座車站的身分幾經轉折，從火車不再停駐，僅作為文物館的功能，到現在恢復了以往遊客蜂擁上、下乘車的榮景，終於也有煥然一新的面貌。

北門驛的過往風光

北門車站在一九一二年完工，日治時期叫作北門驛，那時肩負著將阿里山木材從山上運到平地的集散功能，車站附近還有修理工廠、製材廠，當然也少不了偌大的儲木池。歲月走過了百年，運材相關設備相繼退役，惟有車站依舊矗立在海拔僅僅三十一公尺的廣場上。

現今的北門車站是經過重修整建的，最初的站體建材相當「豪華」，全都是用阿里山紅檜打造，千年神木園也拚得過時光淬煉，可惜在一九九八年遭祝融摧毀一半。林管處搭配新舊建材將車站恢復原貌，屋頂的黑瓦依舊，差別在於站體牆面顏色稍有不同，其他諸如候車室的長條木椅、寬敞的開窗都是按照最原始的設計復原打造。

阿里山鐵道目前只通到奮起湖，預計二〇一五年年底會全線通車。從北門發車的阿里山小火車每天往返一班，假日增為兩班，可現場購票也可事先預訂。車站前是大型廣場，有不少市集與展售單位會在週末例假日到此設攤，目前有「三小市集」會在每週六的下午三點到六點擺攤，這個市集專以小農、有機產品為主，可購買到嘉義與雲林在地的小農產品，是欣賞建築之美以外的另一個收穫。

呷好料

採買在地小農產品

在三小市集裡，可以買到嘉義地區民雄憨己園自然農園的溫室蔬果與稻米、民雄的「作息尚好」新鮮鳳梨與鳳梨乾以及竹崎信儀藥草水果園的有機荔枝與洛神花等等，適合當作伴手禮送給親友。

INFO

- ／嘉義市東區共和路 428 號
- ／05-276-8094
- ／上山發車 09:40、10:10(週末例假日)
  下山發車 16:11、17:14(週末例假日)
- ／北門到奮起湖單趟 220 元
- ／www.railway.gov.tw/tw/Alishan/page4_4.html
- ／走國道 3 號下竹崎交流道，右轉林森東路往嘉義市方向，右轉共 和路可達。
- ★／無票禁止進站乘車

1. 北門車站最初的站體建材相當「豪華」，全都是用阿里山紅檜打造。
2. 候車室的長條木椅、寬敞的開窗都是按照最原始的設計復原打造。

檜意森活村

——全台最大日式建築群和風處

攝影：何忠誠

以前叫作檜町，現在叫作檜意森活村，這個在日治時期為了林業開採集散所打造的官舍區有歷史的痕跡，也有建築的美感，透過優質的商鋪店家也可以聽到一則則動人的故事。

當水泥與塑膠充斥在現代的生活中，能完整的看到一大片純檜木建造的日式老屋是幸福的。檜意森活村出現的目的，不僅僅是提供人們旅遊觀光的功能，而是重新帶領大家回到那個質樸優閒的木質生活年代。

兼併歷史建築與現代精品的文創景點

檜意森活村是林務局的產業，全區占地約三點四公頃。這座耗費四年、花了四億經費的全國第一個森林文創園區，也是全台灣最大的日式建築群，落腳於嘉義。二十八棟檜木老屋以及兩棟水泥老房重現了當年日本宿舍的樣貌，以林森東路一分為二，一邊是檜木老屋區，一邊是農業精品館特產區，遊客多半在檜木老屋區參觀。對於嘉義人來說，這裡代表了歷史，也是一處值得向朋友們推薦的文創旅遊點。

老屋重新整修完畢後，招商的工作交給檜意森活村股份有限公司經營，他們用積極的態度認真對待，每一棟進駐老屋的商家。很多商家都選擇檜意森活村作為唯一的營業據點，其中值得拜訪的包括森咖啡、木晨良行、二魚古董珠寶設計、活泉人文茶坊等等，都是嘉義很有特色的業者，當然也有嘉義知名的連鎖品牌進駐，有旺萊山以及福義軒，另外幾棟較大的官舍當作展示館，有小朋友很愛逛的玩具博物館、皇家西洋館，可以體驗童趣時光以及探尋西方文化的精髓。

二十八棟檜木老屋因為要提供給不同階級的工作人員居住，當初在建造的時候就已經按照格局設計，最靠近林森東路的是基層員工宿舍，因此格局較為簡單，往內側依序是高級職員以及所長官舍，透過空間大小可以了解每棟建築當時居住者的階級位置。煥然一新的檜意森活村有商鋪可逛，還有水塘花圃、高大的百年芒果樹可欣賞，是拜訪嘉義必去的好玩景點。

地址／嘉義市東區林森東路 1 號
電話／05-276-1601
時間／10:00 ～ 18:00
（部分商店 08:30 ～ 18:00）
網址／www.hinokivillage.com.tw
交通／走國道 3 號下竹崎交流道，再右轉接 159 縣道（林森東路）往嘉義市方向，右轉共和路可達。

1. 檜意森活村是全國第一個森林文創園區，也是全台灣最大的日式建築群落。
2. 以往的日式宿舍現在已經是一間間充滿特色的賣店或咖啡館。

嘉義舊監獄

——台灣唯一一座監獄博物館

攝影：高建芳

俗話說「歹路不可行」（台語），真要行了，那就得上監獄裡去蹲一蹲了。嘉義舊監獄從日治時期那個年代走過來，讓人看到幾十年前完善的獄政系統，也對受刑人所處的環境有一些了解。除此之外，國定古蹟的光環也讓建築有更崇高的位置。

蓋一座監獄，銅牆鐵壁是最高指導原則，不過奉公守法的老百姓大概不清楚監獄要怎麼蓋，才能讓受刑人完整的服完應有的刑期。已被列為國定古蹟的嘉義舊監獄開放參觀之後，正好滿足了大家的好奇心，這間在日治時期打造的正義之牢，也在解說員的導覽下，逐一揭開神祕的面紗。

嘉義舊監獄也稱作獄政博物館，在大正十一年（西元一九一九年）完工，一開始屬於台南監獄嘉義支監。後來受刑人轉移他處且入監服刑人數日漸減少，在民國九十四年被劃定為國家古蹟，是台灣唯一一座監獄博物館。

嘉義舊監的建造主要來自於受刑人燒磚、打地基、蓋房子，一樣沒落下，從建築特色與格局上可以了解這裡的獨特之處，牢舍呈放射狀扇形建造，從空中俯瞰，過了行政中心後的三條名為智仁勇的通道所在，便是主要的牢舍，原圖構想來自於美國賓州的監獄，便於掌控受刑人的活動，與之相同的還有日本北海道的網走監獄。打造監獄建材很多元，包含了木頭、磚石還有RC材料，整個範圍多達數棟大小建築屋舍。

揭開舊監獄的格局架構

為了讓遊客充分了解監獄的歷史，目前不開放個人自由參觀，只能在固定時段跟著解說員逐一認識。監獄的門樓是

1 | 2

1. 小小的牢房窄小、陰暗，在在警示著所有的人「歹路不可行」。
2. 為了能讓遊客充分了解監獄的歷史，目前不開放個人自由參觀。

主要景點，最初的紅磚門樓經過大地震震毀，現在的樣貌是一九三〇年整建，兩扇高聳厚重的大門是實實在在用阿里山的檜木建成，兩旁的長方形六格窗還是保持日式設計上下拉開的模式。想像中的監獄可能是嚴肅單調的地方，經過實地走訪才發現這裡原來也有小橋流水花木扶疏的景致，還有不少綠蔭大樹錯落期間，淡化了這裡肅殺的氛圍。在幾個重點建築裡，除了門樓以外，行政區的中央台、典獄長室值得參觀，舍房區則以智仁勇牢舍與收容女受刑人的婦育館舍房最為特別，其他還有工場區與事務區等等。

以前的受刑人工場區現在已轉型作為文物陳列室。

在所有的建築裡，牢舍無疑是眾人的焦點，行經此處遊客們的問題也最多，看著小小的牢房可能要擠進數位到數十位受刑人便很難以想像。窄小、陰暗，還有被剝奪自由的權利，在在警示著所有參觀的人「歹路不可行」（台語）啊！

比起牢舍，大家還是喜歡中央台這個區域，由此可以透過清楚的警示燈了解每一棟牢舍的動態，當然最威風的是坐在典獄長辦公室，握一把職掌正義之鑰的權柄，也不由得對獄政工作人員獻上最高的敬意。

- ／嘉義市東區維新路 140 號
- ／05-362-1873
- ／週二到週日 09:30、10:30、13:30、14:30 四個時段由解說員帶領方可進入
- ／prisonmuseum.moj.gov.tw
- ／走國道 3 號下竹崎交流道，右林森東路，左轉維新路可達。

老鄰居1911

——百年老農舍變身歐風鄉村餐館

攝影：高建芳

創意沒有框架，想像可以無限延伸。老鄰居1911就是在這樣的條件下，從一間頹敗的老農舍改造為優雅迷人的餐館，在這裡可以欣賞手作小物，也能享受老時光，搭配鮮美的火鍋料理，擁有難忘的用餐回憶。

1|2
1. 用傳統的鐵窗做為裝飾或隔間是老系列餐館很常見的元素。
2. 餐廳裡的老物一樣是老闆娘從四處蒐集而來。

老鄰居1911是老系列餐館的第三處據點，設計風格繼續維持懷舊鄉村的調調，空間上有別於前兩家老房子與老洋房的一、二層樓格局，這裡是一層平房的開闊視野，老闆沒有用實牆作為用餐區域的隔間屏障，一樣使用了石磚矮牆搭配雕花鏤空的鐵窗當作隔板，既保留分區的用餐隱私性，也加強了空間穿透感。

百年農舍建築成了鄉村餐館

老鄰居1911在二〇一四年五月成立，看店名有一九一一的年代，就知道餐廳建築的前身歷史超過百年。原本是一間古厝農舍，在改建為餐廳前已經崩壞大半，只剩四面磚牆體，但農舍該有的格局還是相當清楚。老闆一樣創意大開，發揮化腐朽為神奇的設計功力，硬是把一間台灣傳統農舍設計成歐風味濃厚的鄉村餐館。每一個角落都有讓人驚喜的巧思，很多客人其實是喜歡餐廳的氛圍，才選擇到此用餐。擁有一雙綠手指的老闆，在老鄰居的庭園種了形形色色的繽紛花卉。有趣的是使用的花器千變萬化，只要看過的人都會生起「原來這

個東西也能當作花器」的想法，所以在庭院裡，大家會看到大同電鍋種了香草，兒童汽車栽了小花，洗臉盆浮著荷葉，而黃花小雛菊安種在竹編提籃裡也就不那麼不可思議了。

鄉村風的趣味裝潢

餐館內部可略分為三個用餐區域，所有的座位都是用特製的國小課桌椅改造，老闆保留了椅座面的原木色調，其他部分刷白，就這麼一個小巧思，活生生帶出了鄉村風。餐廳一進門是一個寬大的空間，挑高的屋頂營造了廣闊感，左右兩區用及腰的矮磚牆分隔，保留了透視感。琳瑯滿目的手作掛飾出現在四周牆面，原本的長方形窗框加了透明玻璃就是很棒的製物架，櫃台一樣秉持著老物設計風，數片尺寸大小不一的鐵窗格和磁磚面成了櫃台的外牆，遠望如同藝術創作品一樣。大門左側自成一個小區。據說這裡原本是農舍的豬圈，老闆也沒有刻意打掉那時的矮牆，反而保留了隔間的矮紅磚，架了小魚缸，做了活動留言版，賦予老空間一個新用法。在所有的設計區域裡，最讓老闆得意的就是通往洗手間的走道被設計成眷村風格，紅磚矮牆上砌著眷村特有的白磚刻花牆頭，上面還蟄伏著幾隻貓，上緣牆壁還掛著幾件國小制服，這樣的景象活脫脫就是眷村生活再現，是餐廳裡值得細細品味的區域。

品嘗多樣湯底口味的火鍋美食

各式火鍋套餐、義大利麵與主食招牌料理是老鄰居主打的用餐特色，其中最受歡迎的是擁有多樣湯底口味的火鍋美食，除了原味湯底外，還有昆布鍋、牛奶鍋、咖哩椰奶鍋以及芋頭牛奶鍋等等，喜歡嘗鮮的會選擇咖哩椰奶鍋，當然還有特製的冬菜胡椒雞湯鍋，以及能兩吃的花雕雞肉燒。崇尚健康飲食的老闆在火鍋料上很講究，少有餃類等加工食品，多以蔬菜、菇類為主，其他還有油條、豆皮、玉米、芋頭、地瓜、南瓜等，讓每個人在舒適的環境下，盡情的享用美食。

萌角落

用老物裝飾的洗手間

洗手間還有幾個小物很有特色，包括用老電視做的指示燈牌，用老式電話筒做的洗手台出水口等等，讓人不得不大讚老闆的創意。

1. 每一間老系列餐館的門把都不一樣。
2. 各式火鍋套餐、義大利麵與主食招牌料理是老鄰居主打的用餐特色。
3. 老鄰居一九一一是一間台灣傳統農舍設計成歐風味濃厚的鄉村餐館。

嘉義市東區大雅路二段 433 巷 41 號

05-271-1931

11:10 ～ 15:20，17:10 ～ 21:20，週一休

低消 100 元，火鍋料理 270 元起，海陸雙拼鍋 360 元，義大利麵套餐 260 元起，焗烤套餐 280 元起

走國道 3 號下竹崎交流道，右轉接 159 縣道，左轉盧義路，右轉文雅街，左轉民權東路，右轉大雅路可達。

一樓作為主要的用餐區，大致非為前後兩區，延用了開放視野的想法。

老大通１９４１

——小兒科診所變裝成懷舊餐館

攝影：高建芳

中藥櫃做成櫃台、小抽屜變成特色牆面、馬賽克磁磚洗手台當成雜誌箱，做蛋糕的鋼模變成了燈罩……一個個讓人意想不到的創意，成就了老大通１９４１的獨特感，在這裡能享受懷舊風，也能品嘗美味的麵點與中式餐食，是朋友聚會的最佳選擇。

老大通是嘉義市中山路的舊名，在日治時期，這條路上住的都是富有的權貴人士，如同台灣現在城市裡以中山或中正命名的主要幹道一樣，代表著繁華與車水馬龍。曾繁華過一時的老大通在嘉義老一輩人有著深刻的印象，大家都還能記得當時道路兩側比鄰蓋著商辦老屋。隨著時光走過，木造老屋拆了，換上一棟棟樓房，但熱鬧的商業街景象一樣存在，而老系列餐館最新的、也是第六個據點在二〇一五年六月上旬開幕了。

如同店名上的標示，這棟建築在一九四一年完成，規畫了三個樓層的空間，原址是一家小兒科診所，這裡可以和老院子相通，很多客人都會順便點一杯老院子的招牌飲料搭配店內餐食解解饞。老闆保留了三樓的空間，目前只開放一、二樓作為營業場所，整個餐館氛圍散發著老系列特有的懷舊味道，大範圍的特點與其他分店雷同，但在小細節上還是可以看到老闆想要做出區隔的用心。

攝影／江明麗

1. 這裡提供麵點與中式主餐，麵食方面有乾、湯二種。
2. 接待櫃台用古老的中藥藥櫃打造，非常有創意。
3. 這棟建築在一九四一年完成，規畫了三個樓層的空間。

古老中藥櫃改裝成接待櫃台

門把上，老大通用的是傳統的水龍頭，不同於其他店用刀叉甚至是熨斗（老房子1955）為素材，在小地方能看到每家店的獨立風格。一樓的空間有很多看點，最大的主角是接待櫃台，老闆用了一個古老的中藥藥櫃，沒有規規矩矩的擺置，反而將上下位置錯放，多層藥櫃在下半部，上半部則是大空間櫥櫃，他還特別挖了一個空，擺上魚缸，馬上讓老物有了悠然的生活意境。樓梯間善用了多格小磁磚框飾，不同於一般人用大量木質材料做設計元素，瞬間讓視覺感有了多元化的提升。二樓作為主要的用餐區，大致分為前後兩區，延用了開放視野的想法，前區只用矮木架做隔間，保留了通暢感；後區有點類似中包廂，可以做小規模聚會。最吸引人的是一張用舊鐵門做成的長方桌，還有一面木製抽屜牆，一個個方正的小抽屜是從裁縫機上搜集而來，這也是老闆的最愛。

餐點組合多樣化

老大通在餐食規畫上也與其他店不一樣，這裡提供麵點與中式主餐，麵食方面有乾、湯兩種，搭配的麵條有意麵、拉麵、麵線、烏龍麵、手打麵五種，湯頭有原味、水果、牛奶、泡菜、咖哩等多種，搭配的主食則有味噌雞腿、豬排或海鮮、肋排，組合非常多樣，全部吃遍大概要花上半年時間。套餐料理有香煎鯖魚、蔥油雞飯、豆腐乳焢肉飯可以選擇，如果只是想解個饞，簡單麵選項裡的章魚燒煎餃與蛋香煎餃值得推薦。

萌角落

另類的書報架

你沒看錯，洗手台裡放著數本雜誌。這是老闆特意收藏的磁磚洗手台，拿來作為書報置物台，這樣的創意巧思很讓人非常佩服。

INFO

- 嘉義市東區中山路 202 號
- 05-225-1941、05-229-1941
- 11:10 ～ 15:20，17:10 ～ 21:20，週一休
- 低消 100 元，湯麵、乾麵料理套餐 150 元起，主菜單點 100 元起，套餐料 理 90 元起，簡單麵 60 元起
- 走國道 3 號下竹崎交流道，右轉林森東路續接林森西路左轉吳鳳北路，右轉中山路可達。

1. 復古的窗框也可以是置物櫃的抽屜。
2. 用水龍頭做為門把的創意是老闆娘的巧思。
3. 老闆娘很喜歡琺瑯瓷製造的物品。
4. 店裡處處可見這種鄉村風的掛飾。

老院子1951

——老宅裡的古風甜點味

攝影：高建芳

喝一口招牌珍珠茶，舀一勺蘋果乳酪，老院子1951用充滿復古風格的環境，讓客人不由自主的沉醉在美好時光裡，讓甜品與空間有了完美的結合，是享受放鬆與自在感覺的最佳去處。

被嘉義人暱稱為老系列的餐館、咖啡館，是幕後老闆宇璇對於每一處老屋空間換新裝的心血。老院子1951是她的第五個據點，三年多前陸續營運的老房子1955、老洋房1931、老鄰居1911等，已經是嘉義人用餐聚會的熱門選擇。老院子1951在二〇一四年年底開始營運，承襲了老系列餐館以屋齡命名的特色，可以得知老院子這棟建築興建於一九五一年，以前是某間診所屋主兒女的書房及活動場域，因此空間不大，但貴在小巧溫馨，對於擅長老屋改造，有一雙設計金手指的宇璇來說，不管空間多小，她也有辦法展現老建築的最大魅力。

延續老系列餐館的風格

裝潢用老物以及花草植栽來妝點店鋪是老系列的獨特風格，老院子1951也不例外。這間販賣飲品、甜點的精緻小館有著迷人的小院子，圍牆上、角落裡都能看到復古的老東西與花花綠綠的植物。招牌是用廢棄輪胎做的，院子裡的客人座位是國小木製的課桌椅，這是老闆特地從嘉義大義國中蒐集來的退役桌椅，上面還能看到學生們留下的痕跡，頗能勾起老一輩人那時青春洋溢的快樂回憶。

1|2

1. 色彩繽紛的甜點是店裡的創意發想。
2. 建築興建於一九五一年，以前是某間診所屋主兒女的書房及活動場域。

室內空間不大，大概可容納十來人，座位一樣走復古風，其中還有用黑膠唱盤做成的板凳，這也是老闆的巧思，非常有創意。不同於老系列供應主食，老院子只提供飲品與甜點等輕食，是消磨優閒時光的美味良伴。

飲品招牌是珍珠系列茶飲，也會因應季節推出水果優格，想要小小果腹一下可以點鹹食，如口袋堡、炸食等。甜點項目非常多，都擺在冷藏櫃裡一目了然，招牌有水果塔、藍莓塔、卡士達香芋塔、蘋果乳酪、巴娜娜起司、閃電巧克力泡芙等等，漂亮的賣相讓人流口水，其實真正賣的就是讓人銷魂的回憶。

INFO

- 地址／嘉義市東區成仁街 201 號
- 電話／05-227-1951
- 時間／11:00 ～ 20:00，週三休
- 價格／低消 100 元，甜點 50 元起，蘋果乳酪 110 元，卡士達香芋塔 110 元，水果塔 100 元， 咖啡 60 元起，珍珠茶 35 元，口袋堡 30 元起
- 網址／www.facebook.com/pages/老院子-1951-想喝
- 交通／走國道 3 號下竹崎交流道， 右轉林森東路往嘉義市方向， 左轉成仁街可達。

TOY 4玩具們咖啡館

——四個國小姊妹淘的夢想天地

攝影：高建芳

「If you can dream, then you can do it.」簡單的一句英文，把TOY 4的四個女生對於追求夢想的動力完全表達，這間店很特別，空間特別，甜點特別，但最特別的是這幾個年輕老闆，用不完的創意，揮灑不完的熱情，是讓人願意支持以及強力推薦的地方。

TOY 4跟玩具無關，但跟一部好萊塢大片有關。四個從國小就結為好姐妹的女生，因為動畫TOY 4而決定了要將她們的友情化為具體的實踐，互相幫助、實現專長以及生活當中的夢想，所以她們在二〇一五年年初的時候，開了一間以咖啡、手作甜點、雜貨與書籍分享的歡樂園地。

TOY 4電影裡強調的友情讓她們深深感動，於是用了TOY 4作為店名，相得益彰。四個姐妹淘分別是Molly、Sa Sa、Ellen

以及 Show，Ellen 以及 Show 專職咖啡與外場，甜點是 Sa Sa 的領域，她與 Molly 同樣也是店裡手作雜貨的設計者。

開店的想法確定後開始尋找店面，透過朋友的介紹，發現了這間位在小巷弄裡的二層樓房小屋。四個人發揮自己動手做的阿Q精神，包辦了大部分的勞作，連油漆牆面、找餐桌椅都自己來，辛苦幾個月後，一間六十年的老房子有了新樣貌。一樓的大片紫色牆面注入了時尚設計感，搭配復古沙發，空間裡隱隱存在著一種自在與慵懶。

3	2
4	1

1. 二樓的工作室是 Molly、Sa Sa 創作的地方。
2. 店內後方是咖啡館也是素人創作展示空間。
3. 這裡也能購買 Molly 與 Sa Sa 的手作小物。
4. 甜品中的乳酪蛋糕或戚風都是熱門產品。

一樓品咖啡甜點 二樓買手作裁縫小物

她們保留了一、二層樓面的木板隔間，比較特別的是加了許多創意小物，懸掛了幾本翻飛的書本以及一台古董小單車，猛一看會以為進入了霍格華茲的魔法世界，童趣而且夢幻。櫃台後方還有一個小空間，在這裡擺置了幾張桌椅，受到喜歡寧靜空間的客人喜愛。

TOY 4 以文創出發，也支持所有創意設計者，因此她們在這裡開闢了一個一、兩坪的小天地，提供給有想法的藝文創作家展示，讓大家能有更多的機會展現才能。二樓是 Molly 與 Sa Sa 的工作室，一個辦公小區，一張打版台，還有一架裁縫機，是 TOY 4 所有手作小物產生的地方。你可以買到可愛的圍裙、精緻的布杯墊，也能客製化面紙袋，當然，這裡也歡迎客人參觀、小坐，書架上的童書提供免費閱讀。團隊裡還有人另有工作，因此他們保持開店時間都要有兩人在店內留守，這也是她們下午才開店的原因。

3 | 1
4 | 2

1. 各式口味的杯子蛋糕是小女生的最愛。
2. 這張拼布沙發是聊天、喝飲料以及發呆的地方。
3. 這裡現在只提供咖啡與甜點等輕食，或許未來會加入一些主餐。
4. TOY 4 是一間以咖啡、手作甜點、雜貨與書籍分享的歡樂園地。

誘惑味蕾的甜點

這裡現在只提供咖啡與甜點等輕食，或許未來會加入一些主餐。甜點是 TOY 4 的強項，從開店以來就不斷的有新產品研發，歡迎大家預約訂購圓吋蛋糕，當然也可以坐下來點一份可口甜品享用。目前比較受歡迎的蛋糕除了各式口味的杯子蛋糕以外，包括乳酪蛋糕或戚風都是熱門產品，藍莓巧克力戚風、蓬蓬臉檸檬蛋白派、太妃糖香蕉乳酪蛋糕、蔓越莓生乳酪……每一種都是味蕾的誘惑，一定要嘗嘗看。

萌角落

色彩繽紛的拼布沙發

在二樓有一張拼布沙發，供客人們聊天、喝飲料、發呆，以及閱讀書籍的好地方，而且從這裡可以看到溫馨小陽台的可愛植栽。

- 嘉義市東區長榮街 150 號
- 05-276-3909
- 週二到週五 15:00 ～ 21:00，週六、週日 14:00 ～ 21:00，週一休
- 手作蛋糕 80 元起，太妃糖拿鐵 80 元，各式口味牛奶 70 元英國茶 70 元
- www.facebook.com/toy4.cafe
- 走國道 3 號下竹崎交流道，右轉林森東路續接林森西路，左轉吳鳳北路，右轉長榮街可達。

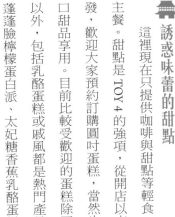

營林俱樂部

——原阿里山林場招待所

攝影：何忠誠

檜町早年是林場日本職員的生活場域，為了照顧職工與領導們的休閒娛樂，在日式宿舍群後方也打造了一座餐廳俱樂部，那時叫作阿里山林場招待所，現在則是營林俱樂部，作為商鋪紀念品的販售以及藝文作品的展示。在眾多的和風建築圍繞下，營林俱樂部的西洋風設計非常顯眼。當時的日本建築師採取英國都鐸式風格規畫，包括屋頂上方的小尖塔、入口的凸窗以及雨淋板構造等，都能看出歐洲特有的半木結構手法，部分區域也巧妙的運用不少日本的建築方法，所以讓俱樂部擁有了和洋兩種融會的風格。建築物於一九一四打造，已被列為歷史建築，館內有兩個使用空間，入口處是檜意本鋪的商品販售，最特別的是用紙籤素材設計的提包或背包，很有環保概念。

INFO

地址／嘉義市東區共和路 179 號
電話／05-2761-601＃2191
時間／10:00 ～ 17:00
週一、週二休
費用／環保背包 1500 元
環保旅行袋 1875 元
交通／走國道 3 號下竹崎交流道，右轉林森東路往嘉義市方向，左轉成仁街可達。

營林俱樂部也就是之前的阿里山林場招待所。

這裡是林場最高長官住所，目前作為藝文展覽館使用。

嘉義出張所所長官舍

——探訪日式宿舍群裡大老闆的家

攝影：何忠誠

作為日治時期台灣總督府營林區的嘉義出張所機構，是檜意森活村園區內的老建築，深具歷史意義。當年在為職員或高級官員設計宿舍就有不同的藍圖。依照居住需求蓋了一戶建（獨門獨戶）、雙拼二戶建、四戶建及連棟建的規格，而官階最高的就是嘉義出張所所長官舍，屬於一戶建設計，擁有寬敞的空間以及優美的庭院。所長官舍屋瓦採用水泥石片及台灣紅瓦為建材，流洩濃濃古意，內部經過整修後，目前作為藝文展覽館，先前舉辦過插畫展，未來也不定期會規畫各項主題展覽。為了讓遊客了解官舍的建築結構，館內部分廊道捨棄木質地板，安裝上透明玻璃，讓大家能看到房子底部結構，是參觀時值得注意的特點。

INFO

- 嘉義市東區林森東路1號（T24館）
- 05-2761-601＃2241
- 10:00～17:00 週一、週二休
- 走國道3號，下竹崎交流道，右轉林森東路往嘉義市方向，左轉共和路可達。

KANO故事館
——和風老屋凝聚棒球魂

攝影：何忠誠

電影《KANO》所給予的激情隨著下檔慢慢退去，但嘉義人捨不得這個屬於本地的一頁歷史消失，於是在拍攝場景中重現了影片中的部分劇照以及服裝，讓大家了解在那個純樸的年代，有一股永不消失的棒球魂持續燃燒。

電影《KANO》大賣，不但掀起一股棒球熱，讓人重新了解一三九一年日治時期台灣棒球史發展的一頁，而日劇中主角嘉義農林棒球隊不也留下了他們的故事，讓今日的台灣嘉義因為這部電影重新燃起棒球魂。由於為電影故事的背景以及拍攝地都在嘉義，嘉義人很看重這部影片對於神木故鄉所代表的意義，因此也有不少單位想保留電影所延續的棒球熱，位在檜意森活村裡的KANO故事館，就是由嘉義市商圈文化促進協會規畫，故事館所在的日式老屋則是影片裡近藤教練宿舍的拍攝場景。

重現電影《KANO》場景

KANO故事館幾乎將影片中所有重要的場景重現在這棟超過百年的老屋當中，這裡原本是日本高級長官的宿舍，整修後當作為主題展示館開放參觀，也保留了當初的房間格局，巧妙地在各個角落擺置《KANO》的相關物品。

館內的工作人員都是電影迷，他們總會熱心的指引幾處精采的留影區域，譬如全壘打牆，以及近藤教練書寫甲子園的場景，拉門上還有「球者魂也」的精神標語。另外，這裡有《KANO》電影的相關海報、道具以及周邊商品，玄關處那台老扣扣的腳踏車就是主角吳明傑在電影中的交通工具，最吸引人的就是電影內的棒球制服，看著這些服裝還似乎能感受電影那激憤、熱烈的情緒。參觀完故事館後，還可以購買紀念商品，包括帽子、T恤、毛巾……等，都是值得收藏的紀念品。

2 | 1

1. 來這裡一定要拿著館方提供的棒球器具跟陳列品一起合影。
2. 故事館所在的日式老屋也是影片裡近藤教練宿舍的拍攝場景。

萌角落

最不可錯過的拍照場景

館內多處的留影區域，其中最重要且不能錯過的就是拿著館方提供的棒球或手套，並站在寫著「一球入魂」的標語下，給自己留下帥氣的身影。

- 嘉義市共和路 199 巷 2 號
- 05-276-1601 轉 2121
- 10:00 ～ 12:00
  13:00 ～ 18:00
- 門票 30 元
- www.facebook.com/kanostory
- 走國道 3 號下竹崎交流道，右轉接 159 縣道（林森東路）往嘉義市方向，右轉共和路可達。

筷趣大飯店

——有媽媽味道的時光飯館

攝影：何忠誠

開店，不一定得是所謂的夢想云云，有時也可以是一種對生活期望值的展現，筷趣大飯店就是這樣的一間小餐館，用最家常的料理方式，展現出食物最美好的味道。

1|2

1. 筷趣大飯店是宜靜與男友仁偉為大家提供媽媽家常菜的美味小天地。
2. 室內座位區不多，約可容納十八名食客，一個榻榻米和式包廂可座六個人。

筷趣，是台東女孩宜靜開的一間新飯館，她曾在台南就學，歷經南來北往甚至異國他鄉的生活旅途，最終選擇在嘉義過生活。沒有所謂的很多故事或意義，只能歸因於緣分以及對這個城市的莫名感情，小飯館開幕差不多一年，已經是在地人非常好奇以及捧場的一個飽食處。

「筷趣」的發想源頭是母親的關愛

之所以取名筷趣大飯店，來自於媽媽的叨叨絮絮，總被頻唸著回家就跟住飯店一樣，來了又走。誰讓年輕的腳步總是停不住，等到年歲漸長，也體會出媽媽嘮叨裡的關懷之意，所以，筷趣大飯店用媽媽味道的家常菜肴，招待往來四方的旅客。

店名聽起來有很多意思，用台語念，就是「底厝」，也是「在家」的隱意。由字面直譯，宜靜想要表達的是由筷子延伸出來的美食趣味，以台灣的食材領略餐桌上的美好饗宴。取名大飯店，空間卻是小食堂。宜靜在兜兜轉轉中發現了這棟獨立在街巷中的老屋，屋主是山門咖啡老闆永哥，牽線人卻是Bless的發哥，對於鼓勵年輕人，他們向來不遺餘力。

little
forest

近百歲老房變身小食堂

老房子差不多近百年，牆壁都還是用竹編建材打造，除了更換屋瓦以外，宜靜沒有對屋子做多大的變動。一樓作為營業店面，二樓暫定為工作室，現在她與男友仁偉一起打拚，校長兼撞鐘，廚師兼小弟，要把筷趣大飯店經營起來。

小食堂從外觀看就很吸引人，每每逗得過路客探頭探腦，古老的木門與擺滿了可愛小物的大片玻璃窗景，散發淡淡的鄉村小館風情。室內座位區不多，約可容納十八名食客，一個榻榻米和式包廂可座六人，酒足飯飽之際，會讓人有如置身在日本居酒屋的錯覺。

店裡擺了不少宜靜的收藏，譬如傳統活版印刷的鉛字體、上了年紀的木櫥櫃，都是用餐之餘值得慢慢欣賞的老物。食物是宜靜希望與各方朋友交流的媒介，她也花了很大心思。這裡沒有菜單，訂了位的客人每天都有驚喜菜色，品嘗的是每日菜市場現買的蔬果與肉品。掌廚的宜靜很愛用台灣的食材調料，像是崑濱伯的米、東市場唯一一家非基改豆腐、翟家寬麵、新港的手工釀造醬油、好食光的黃檸檬凝乳……用這些元素做出了好吃的梅乾筍丁扣肉、蒜片迷迭香烤雞腿、紫蘇梅醬苦瓜等，是筷趣的心意，也希望與大家一起分享。

1. 這副傳統版印的鉛字體是宜靜的收藏。
2. 訂了位的客人每天都有驚喜菜色，品嘗的是每日菜場現買的蔬果與肉品。

1|2

1. 好吃的梅乾筍丁扣肉、蒜片迷迭香烤雞腿、紫蘇梅醬苦瓜等都用台灣的食材烹調。
2. 店裡的有些桌椅都是蒐集的二手老物做成。

萌角落

老物匾額作長桌

店內有著許多用老物來裝飾空間的物品，而在板凳座位區，也富含設計的小巧思。看來古意盎然的長條木桌，其實是一塊對半裁切的匾額，這是來自於發哥的創意。

/嘉義市東區共和路 318 號

/ 0963-843-332

/午餐 11:30，晚餐 18:30，賣完為止，需預約

/每日主題餐每人 300 元起

/ www.facebook.com/pages/ 筷趣大飯店 /226118120926023

/走國道 3 號下竹崎交流道，右轉林森東路往嘉義市方向，左轉共和路可達。

DO RIGHT 渡對
——在老碾米廠裡享受慢食慢活藝術

攝影：何忠誠

渡對很低調，也很簡單，沒有太花稍的設計裝潢，想要表達的理念精神，就在店裡的每樣老物與每道料理，他們用老屋與在地食材跟來客交流，如同他們喜歡強調的話語：「活著，從來就不是一個人的事。渡對你們，是人生最美好的事。」

在品嘗這間餐館的料理之前，要先了解店名的念法與意思，渡對（台語唸ㄉㄨˋㄉㄧㄡˋ）用台灣話解釋就是相遇的意思，這是個很美麗的詞語，因為相遇，所有的美好於是開始發生。

老屋韻味與藝術美學結合的空間

渡對是一間開設在老碾米廠的餐館，也是店長贏之與家人實踐夢想的場地，他們想用美食讓客人停下腳步，好好欣賞老屋空間的韻味。而在贏之姑姑，也是藝術家李錦繡的引導下，

一把老床組的木架子拿來作為廚房烹調器皿的掛台很有創意。

空間有了藝術美學的靈魂，一景一物都是家人們從台灣各地蒐羅而來的寶貝。餐館由三間立面平房組成，正中是櫃台連通廚房，左右兩間都是用餐區，右側同時也文創作品的展示陳列區，前不久才舉辦過《A Journey To Remember》攝影展。沒點餐之前，客人總是忙於欣賞店裡的老文物，譬如天花板故意裸露的木頭橫梁，還有地板上花紋精緻又古意的花磚，此外，讓人會心一笑的是，古裝戲劇裡的黃花閨女雕花床架，出現在店長媽媽大展身手的廚房內，鍋碗瓢盆與床架並存，視覺很衝突。

2 | 1

1. 韓國大嬸炒冬粉是向一位韓國媽媽請益，使用彈 Q 的韓國冬粉搭配季節蔬菜熱炒。
2. 渡對是一間開設在老碾米廠的餐館，店長贏之與家人實踐夢想的場地。

韓國大嬸炒冬粉、茶油松阪豬飯口感脆彈

這裡的桌椅也很跳脫一般框架，一處可能是歐風復古沙發，另一處可能是涼爽的竹編椅，看客人喜歡哪一種風情，訂位的時候說一聲就好。室內牆面是極佳的創意發想地，老闆們也愛天馬行空的「玩一下」，一面白牆，一條麻繩總會串上意想不到的東西，這裡曾經出現各式各樣的彩色塑膠水槍，也出現各國產的鑷子，據說是老老闆的idea，下次再去可能又換個模樣了。

渡對是一處利用美食為大家介紹在地食材與健康料理的地方，這裡的菜單包羅萬象，有本土的，有韓式的，也有南洋的。主食菜單裡以韓國大嬸炒冬粉、茶油松阪豬飯最熱門。韓國大嬸炒冬粉這道菜是向一位韓國媽媽請益，使用彈Q的韓國冬粉搭配季節蔬菜熱炒，口感絕佳；茶油松阪豬飯用鐵盤烹調出米飯的鍋巴酥香，吃起來很有阿嬤家的味道。甜點是渡對的另一個驚喜，老闆一家人總會利用休假時間去挑選當令的台灣水果作為甜品的材料，包括阿撒依・哈哇依、酸不溜丟檸檬塔、芒果滑下來戚風蛋糕（佐玉井愛文芒果）……等。不過甜點不是固定菜單，要看當日有無製作，就看客人是否能有幸與自己喜愛的甜點「渡對」了。

2 | 1
3

1. 頂樓的露天座位區可以邊用餐邊享受天光。
2. 這裡的桌椅也很跳脫一般框架，一處可能是歐風復古沙發，一處可能是涼爽的竹編椅。
3. 茶油松阪豬飯用鐵盤烹調出米飯的鍋巴酥香，很有阿嬤家的味道。

呷好料

阿撒依 · 哈哇依

這是夏威夷的道地冰品，當地是採用特殊莓果做冰沙基底，也被當作既健康又好吃的食物之一。經由渡對改良後，以台灣夏季芒果做冰沙基底，風味絕佳。

- 嘉義縣民雄鄉東榮路 21 號
- 05-226-2300(電話訂位較佳)
- 週三到週日 12:00～21:30，週一、二休
- 韓式煎餅、櫻花蝦炒飯 180 元，韓國大嬸炒冬粉、茶油松阪飯 250 元，飲料 90 元起，比利時鬆餅 110 元
- www.facebook.com/doright21
- 走國道 1 號再下民雄交流道，過民雄路橋，左轉台 1 線（建國路），左轉東榮路可達。

竹崎火車站

——阿里山檜木打造的和風車站

攝影：江明麗

整建過後的老火車站讓人值得珍惜，沒有斑駁的站體，卻有歲月的風華，有時候不一定要買車票搭火車，跟站務人員聊聊天，走走鐵軌，或者只是靜靜地坐在候車室的木椅上，看著人來人往，也是一種享受。

火車站如同機場一樣，每日上演著相聚與分離的故事，悲傷與歡笑在同一個空間上映，但也有幾座火車站不那麼「一般」，旅客們上上下下總帶著歡顏，離開或抵達都是一段美好的回憶。在嘉義，因為有阿里山鐵道的建設，連帶著幾座老車站也成為旅遊勝景，譬如北門驛、竹崎火車站。

老車站帶你回到百年前時光

竹崎火車站在阿里山森林鐵道的故事裡，絕對占很重要的篇幅。始建於一九〇六年的火車站至今仍保留木造建材的規格，作為縣定古蹟的一份子，向遊客們訴說鐵道故事的任務遠大於單純運輸的功能。超過百年的老車站，在一九五二年經過整修後依然閃閃亮亮，站體草綠的色調有別於其他原木車站的設計，在朗朗晴空下更顯耀眼。車站主要結構建材為阿里山的檜木，設計風格上是典型的日式和風，包括牆身外部的雨淋板、長方形型式的外開窗、短向山牆屋簷下的兩個圓形通風窗以及兩坡形式的屋頂，每一處都是當初建造時原汁原味的呈現。最特別的就是車站內的兩個售票窗口，長橢圓形的窗口架著木頭交叉格網，旅客們不用透過現代的壓克力板跟站務人員買票，而這種設計便把人帶進了百年前的舊時光。

1. 離車站約五分鐘車程的牛稠溪橋也有百年歷史。
2. 這裡最特別的就是車站內的兩個售票窗口，這種設計把人帶進了百年前的舊時光。

平地與登山鐵道的交會點

阿里山小火車的首站在北門驛，但是火車要真正開始爬坡上山，卻是在竹崎火車站。從這裡到阿里山將近五十八公里，早年火車得在此添煤加水，然後準備把火車「推」上山。

車站所在海拔為一百二十七公尺，上山的蒸汽火車頭要從平地慣用的十八噸級車頭改成二十八噸級車頭，如此才有力量行駛上山，為了調換車頭，於是在這裡打造了「三角線軌道」，火車會以三角前進後拉方式掉頭，原本拉的火車頭便成為在後面推的火車頭了。

火車種類各異，除了供人們搭乘之外，還有乘載物品的車型。

變身為觀光火車站後，竹崎車站每天的任務就是送往迎來接待遊客們，除了部分鐵軌作為南靖糖廠停放採蔗列車之外，主要供阿里山觀光小火車停靠。竹崎火車站每天有小火車上下行各一班停靠，週末例假日會增開一班，除了一座固定的木造岸式月台以外，還有因為人潮增設的臨時枕木月台。

INFO

/嘉義縣竹崎鄉竹崎村舊車站 11 號

/ 05-261-1275

/竹崎去程出發 09:42、10:42(僅例假日行駛)，回程出發 15:41、16:41(僅例假日行駛)

/火車單程全票竹崎到奮起湖 195 元(冷氣對號車全票)

/走國道 3 號在竹崎交流道下，接 166 縣道，左轉台 3 線可達竹崎 公園，車站位於公園尾端 2 分鐘車程處。

愜意景色

百年牛稠溪橋

離車站約五分鐘的車程，有一座木造橋樑也深具時代意義。這座牛稠溪橋也有百年歷史，最早是阿里山紅檜打造，經過多次風災曾改為水泥橋梁，如今改為鋼骨結構漆以原木色彩，也是公路上一道美麗的風景。

Chapter

5

轉角美景

別忘了城市的某一個小角落，
常常有著令人意想不到的驚喜。
轉個彎，走入巷弄間那十一處的景點，
正等著你探尋，千萬別錯過。

月影潭心
——蘭潭湖畔亮眼的裝置藝術

攝影：江明麗

有交趾陶作為前導，嘉義的美學藝術之路已有良好的基因。坐落在蘭潭湖畔的「月影潭心裝置藝術」就是最好的明證，這座城市不僅僅只有火雞肉飯和小火車，奪人的藝術之美一樣發光發亮。

創意揮灑的極致是不被任何框條圍籬限制。對於藝術家來說，城市是最佳的展現舞台，透過裝置藝術，更能用不同的視野去了解城市的底蘊以及美學涵養。嘉義的歷史與人文特色，讓藝術家們有揮灑的空間，加上主管單位不吝給予支持，嘉義市因此出現了兩座大型裝置藝術作品，其一是位在文化路上的「森林之歌」，另一座就是位在優美的蘭潭湖畔的「月影潭心」。

「月影潭心」由創作家王文志在二〇一一年打造完成，就矗立在蘭潭邊。主要素材有鋁、不鏽鋼、陶以及鋼鐵，猛一看會以為這是以鳥巢為概念設計的作品，因此嘉義人也暱稱為鳥巢。深入觀察才了解創作者巧妙地把嘉義的各種特色包含在裡面，中間如鳥巢或蛋型的構想來自於桃子，這點契合了嘉義古稱桃城的歷史，也有昭示附近鳥群紛飛、生機勃勃的味道。連結著巢狀體一端的斜坡走道看似火雞的尾巴，則帶入了嘉義的知名美食火雞肉飯。

夜間光影投射 迷人璀璨

取名「月影潭心」，自然是為了迎合蘭潭美麗月色的景致；潭心也有在此暢談心情、抒放壓力的寓意。這件作品以編織手法搭建，透過鏤空的方式把附近的風光容納進來；左右二處通道中間拱立著巢狀體，底下用樹幹柱狀體撐起，全部呈現銀白色調，在藍天下搭配著周遭的綠樹圍繞，就是一幅絕美的圖畫。巢狀體下方是一個圓形座位區，不同於上方以鋁片、鋼材設計的質材，底下是用藍色陶器地磚營造出水波紋狀，呼應了蘭潭水滴落下的漩渦意象。

若將月影潭心比喻成美女，那麼白天的她美的張揚，夜晚的她則是美的妖嬈。月影潭心的燈光每晚天黑後會自動亮起，光源埋在作品的內外部，細心一點可以發現一個個的小圓燈，在七彩燈光的投射下，如同穿著繽紛的彩衣在湖潭畔閃閃發亮，每一個光影變幻都奪人眼目，讓人迷醉，有不少攝影愛好者總愛在此蹲踞，要把月影潭心最璀璨的一面永遠留存。

/嘉義市鹿寮里紅毛埤187號之4

/走國道3號下竹崎交流道，右轉接159縣道，左轉盧義路，右轉文雅街，左轉民權東路，右轉大雅路，左轉小雅路可達。

愜意景色

蘭潭散步、賞月色

蘭潭位在嘉義市東側，離鬧區僅十多分鐘的車程，一直是嘉義市民散步、騎乘單車的去處。這裡最有名的風光是夜晚迷人的月色，嘉義八景中的蘭潭泛月也在此處。

1. 「月影潭心」主要素材有鋁、不鏽鋼、陶以及鋼鐵。
2. 月影潭心的燈光每晚天黑後會自動發亮，光源埋在作品的內外部。
3. 「月影潭心」由創作家王文志在二〇一一年打造。

森林之歌裝置藝術

——用廢棄木材打造的美麗幻境

攝影：何忠誠

巨大的蛋形是一般人看到森林之歌的第一印象，仔細探查才明白，這座用了大量木材與黃藤表達阿里山與嘉義生態、自然之間的聯繫臍帶，或者無緣深入高山之中，不過站在高塔中心仰望的那種感受，大概能體會森林的浩瀚之美。

藝術作品雖不同於文字的平鋪直敘，但兩者還是有相同的媒介，都得靠想像力把物體具體化，而也因為想像力，讓直接入眼的畫面有了另一種形容，可以無拘無束、天馬行空。台灣這幾年有不少很棒的大型地景裝置藝術出現，光是嘉義就有兩處，一處是位在蘭潭湖畔的月影潭心，一處是緊靠鐵道旁的森林之歌。

森林之歌是林務局委託嘉義在地知名的藝術創作者王文志打造的大型地景裝置藝術，耗時一年製作，斥資一千六百萬元，如同月影潭心歌頌嘉義的美景與魅力所在。作品表達的是阿里山森林的亙古與遼闊，採用了相當多的創作素材，包括木材、鐵軌、鋼鐵、鑄鋼、藤材與石材，整個作品最顯眼的就是綠地中矗立如蛋形般的橢圓高塔，這座高塔有十四公尺，身處其中人形渺小，有如仰望萬仞高牆，非常壯觀。

以黃藤表達設計理念

高塔兩側有彎形走道，設計師以糾纏的黃藤，營造出隧道幽深的境界，也展現了小火車穿越山林間隱密的鐵道，行至高塔中心就像進入阿里山最深遠的區域，讓人感受森林的巍峨與浩瀚。另方面設計師也想以黃藤表達人體複雜的血液、神經脈絡，從而喚起人與大自然之間的連結。

不同於兩側步道的黃藤建材，高塔本體是由上百片大小不一、經過切割的長方形實木堆砌，下方是採用八掌溪的石頭打底，在鋼材的固定下，一塊塊木材由底堆疊到頂，每塊木材中間鏤空，可由塔內向外眺望，環伺周邊的綠地景觀，中心空圓處可望日月，底座設置了一大塊的巨木桌面，端坐在這裡有著吸收日月精華的寧靜感受。

1. 森林之歌耗時一年製作，斥資一千六百萬。
2. 中間的橢圓高塔有十四公尺，身處其中人形更顯渺小。

／嘉義市東區文化路 308 之 1 號（嘉義地方法院簡易庭前）

／走國道 3 號下竹崎交流道，右轉接 159 縣道（林森東路、林森西路）往嘉義市方向，右轉文化路可達。

玉山旅社咖啡

——看見一甲子老屋的內在靈魂

攝影：高建芳

老房子動人的地方在於可以看到時光走過的軌跡，玉山旅社是與阿里山有著相同頻道的景點，在這裡不要用走馬看花的心情對待，摸摸木梯手把、聽聽老故事，會發現它迷人的魅力。

時間之所以無情，在於這一秒走過了，就永遠不會重來，而人心是有情的、戀舊的，人們不能抓住無形的時間，但可以留住有形的事物，所以，有無數個具有時代意義與故事的老屋、舊物被保存，其中也包括了嘉義北門車站旁的玉山旅社咖啡。

供旅人們休憩的好所在

玉山旅社在民國三十九年成立，那時的老闆是阿里山森林鐵路的列車長陳聰明，他從鐵道運輸看到商機，便在這一連棟老屋的邊間開拓了旅社，老一輩的人稱它作販仔間（台語）。旅舍沒有豪華的裝潢，卻是旅人們疲憊旅途中的一個溫暖停駐點。玉山旅客有一陣子還是玉山登山客很愛落腳的地方，資深的登山客都還會記得北門車站的那間旅社，但最後敵不過市場機制效應，旅社在民國九十七年關閉。

在大家惋惜唏噓的時候，洪雅文化協會的理事長余國信賦予了老旅社新的生命，號召百名義工用最土法煉鋼的方法還原了旅社的面貌，除了依舊為背包客們提供一處便宜的投宿點外，也飄起了咖啡香，辦起藝文講座或音樂會，讓旅社成為一處旅人們用感情與老故事交流的天地。

品公平交易咖啡　飲小農自產鮮果醋

一甲子的老屋維護不易，但是從二〇〇九年經營至今，已經是嘉義市一個必訪的時代地標。可以維持原建物九成以上的樣貌，在老屋變身的案例中非常難得。

旅社總共有三樓，營業空間在一、二樓，三樓偶爾作為講座活動舉辦場地。建築物的古韻不用踏入門內就可以清楚感受，一樓寬敞的騎樓有很棒的座位，供遊客坐在木頭桌椅上看

1. 玉山旅社在民國三十九年建造，是旅人們疲憊旅途中的一個溫暖的停駐點。
2. 這裡沒有財團支持，靠的是每個人點一杯咖啡、吃一份點心慢慢累積。
3. 店裡也兼賣手作編織小零錢包。

著小巷往來的人潮，是發呆放空的好地方，極力推薦。一旁的老櫃子上擺放一些創作者的商品，精巧編織的零錢包很受小女生歡迎。

順著木造樓梯嘎吱嘎吱的走上二樓，開闊的榻榻米座位散發著台式、日式混合的氛圍，「拒絕基改食品」、「核電歸零」等標語醒目的昭告世界，大家需要一個健康與安心的家園，所以，這裡賣的是公平交易咖啡，喝的是南投溪底遙小農產製的水果鮮醋，就連幾樣搭配的輕食也都是現點現做，如同他們對老屋維護的堅持，絕不敷衍。這裡沒有財團支持，靠的是每個人點一杯咖啡、吃一份點心慢慢累積，而玉山旅社能否繼續，就得要旅人們實際行動的支持。

4 | 3 | 1
2

1. 玉山旅社收集了不少舊物讓空間平添古意。
2. 順著木造樓梯嘎吱嘎吱的走上二樓，開闊的榻榻米座位散發著台式、日式混合的氛圍。
3. 牛肉捲是店裡提供的簡單輕食。
4. 旅社總共有三樓，營業空間在一、二樓，三樓偶爾做為講座活動舉辦場地。

／嘉義市東區共和路 410 號

／ 05-276-3269

／週一到週五 10:00 ～ 19:00、週六到週日 09:00 ～ 19:00

／平日通鋪每人 300 元、房間 400 元，假日通鋪 350 元、房間 500 元，雨林咖啡、果醋 120 元，牛肉捲、鬆餅、荔枝蜜茶 100 元，有機桂圓湯 120 元

／走國道 3 號下竹崎交流道，右轉接 159 縣道（林森東路）往嘉義市方向，右轉共和路可達。

樂窩傢俱體驗空間

——快樂的窩在一個角落

攝影：何忠誠

製造者的貼心在於能全面地考量客人需求，而樂窩的老闆即秉持著讓客人能長時間感受家具的舒適性，而開設了這處體驗空間。透過美食與產品的結合，讓顧客找到自己喜愛的物品，就是他們最開心的事。

1. 樂窩店內擺設的是以 YOI 品牌為主的各種風格家具。
2. 這裡不會有這是家具展場的違和感，裝潢擺設散發簡約時尚風格的氛圍。

家，是一個讓心靈停駐的溫暖空間，因此許多人對於「布置理想中的家」總是樂此不疲，對於逛家具店這件事更是躍躍欲試；可惜的是，即便跨國連鎖家具商願意讓購買者親身體驗，在那短短的五或十分鐘裡，很難決定家具的合適性。樂窩傢俱體驗空間體認到一般家具店的不足；因此，就算自家在嘉義縣溪口有偌大的工廠可以選購，貼心的老闆還是大方的在一年多前開了專門的家具體驗空間。在這裡可以用餐、喝下午茶，還有裝潢舒適的房間可以體驗感受，樂壞了講究生活品味的民眾，也讓吸引不少用餐順帶買家具的客人。

樂窩的母公司是緯虹企業，旗下經營以 YOI 品牌為名的各種風格家具。YOI 是日文讀音，在日語裡代表好與優秀的意思。企業主力本來為外銷日本家具，隨著國內生活品味的提升，YOI 也重視內銷的市場，除了著重在大型批發的通路，逐漸崛起的小家庭消費群也不容忽視，「樂窩」就是為了這些族群而打造的複合式展場空間。

邊用餐邊挑喜愛的家具

走進樂窩，不會有這是家具展場的違和感，裝潢擺設散發簡約時尚的氛圍，呈現的就是一間很有流行味道的餐廳，在長型屋的空間限制裡，餐廳把入口設在側邊的巷弄，由此一分為二，前方是主食用餐區，後方是喝咖啡、吃點心的舒適沙發區。所有的展示桌椅、燈具乃至於抱枕等家飾，都是來自於YOI品牌，業者很貼心的將價格標示出來，讓客人一眼就能估算購買成本。

雖然館內主打的商品是家具，但是在規畫餐食上也很用心，幾道強打的特餐很受在地人喜愛。「牛肉飯套餐」的主食是馬鈴薯燉牛肉，同時擁有紅燒與清燉的口感，不加味精的料理方式考量健康的因素；「滷蹄膀套餐」則很有古早的風味。店裡的飲品非常值得推薦，尤其是現打的果汁選擇在地、當令的水果，包括嘉義民雄盛產的鳳梨也是基本食材，還有夏季限定的西瓜牛奶，以及店內的明星產品蘋果核桃牛奶……等，都是下午茶或午晚餐時光搭配手工餅乾、鬆餅輕食的好選項。

牛肉飯套餐的主食是馬鈴薯燉牛肉，同時擁有紅燒與清燉的口感。

萌角落

來二樓，睡個好覺

讓人驚訝的事還不只上述那些——樂窩整理了二樓空間，打造了四間可以睡個好覺的房間。舒服的寢具被單、扎實的相思木床組，還有柔軟好坐的沙發，歡迎有興趣的客人來試試。

1. 業者很貼心的將價格標示出來，讓客人一眼就能估算自己的購買成本。
2. 所有的展示桌椅、燈具乃至於抱枕等家飾，都是來自於 YOI 品牌。
3. 店裡前方是主食用餐區，後方是喝咖啡、吃點心的舒適沙發區。

/嘉義市東區體育路 51 號

/ 05-225-8272

/ 11:00 ～ 21:30，週二休

/樂窩牛肉飯套餐 200 元，滷蹄膀套餐 180 元，現打果汁 80 元起，青醬培根義麵 150 元，手工餅乾 50 元，鬆餅 140 元

/ www.facebook.com/yoitheworld

/走國道 3 號下竹崎交流道，右轉林森東路，左轉新生路直行續接啟明路、體育路可達。

二魚老玩藝兒

——用二手和服變身高雅古典包

攝影：何忠誠

年輕時就瘋狂的喜歡老物，讓二魚的老闆娘在人生職場上也選擇以經營老物與設計店鋪為最終目標，遇到趣味相投的先生更加暢快，二魚老玩藝兒是他們愛好的極致表現，也樂於與大家分享他們的珍品。

二魚是嘉義老字號的手創設計藝品店鋪，設計師兼老闆娘黃培宜擅長編織、珠寶設計、金工等手創藝品，而老公張兆鳴專注在骨董茶壺以及茶葉的收藏，夫妻倆是古物的愛好者，在嘉義市東洋新村的店面已經營運超過二十年。

營造和風手創店鋪

一年多前將據點遷移到檜意森活村的T02B館，檜意森活村以前是日式宿舍，T02B館則是提供單身職員落腳的居所。身處屋齡數十年的和風老宅，二魚更有濃濃的古風，夫妻倆將空間一分為二，黃培宜的作品占絕大部分位置，張兆鳴的古物寶貝則歸納在一個包廂似的小空間，一方木圓桌，四壁皆茶香，伴著熱滾的茶意，很有與隱世高人對飲的自在。

3 | 2 | 1

1. 這裡以前是日式宿舍單身職員落腳的居所。
2. 老闆張兆鳴的古物寶貝歸納在一個包廂似的小空間。
3. 二魚用二手日本和服、浴衣的布料重新設計，變成一個個優雅的方包、皮夾或手提包。

黃培宜身懷數種設計職能，對於創作的敏感度很高，但她最迷戀的是日本和服、浴衣的布織手法，家裡收藏了三、四百套的日本傳統服飾。為了讓這些漂亮經典的金入、銀入以及唐棧織技法讓更多人看到，她用二手衣的布料重新設計，變成一個個優雅的方包、皮夾或手提包，甚至還有年輕族群喜愛的後背包等等，可說是賦予千年文化重新有了時尚與時代感，是很值得購買的商品。

用和服另改設計的想法是四年前興起，現在也成為二魚主打的項目，但對於古物的喜愛一樣沒落下，店裡的商品陳列架都是夫妻倆多年前的珍貴收藏，包括日本的工具櫃、配件櫃都不藏私的展現在店裡，櫃台還是一個頗有年代的木頭前櫃組成，來到這裡即便不買東西，也能感受迷人的、濃濃的和風時代。

INFO

- ／ 嘉義市共和路 201 巷 4 號
- ／ 05-2761601 轉 2022
- ／ 10:00 ～ 18:00
- ／ 茶具方包 1680 ～ 2480 元
提包 4980 ～ 6980 元
皮夾 1980 ～ 3680 元
- ／ www.facebook.com/twofish..design
- ／ 走國道 3 號下竹崎交流道，右轉林森東路往嘉義市方向，左轉共和路可達。

龍鳳祥交趾陶藝術

——檜木老屋裡欣賞大師的手藝

攝影：何忠誠

交趾陶藝術與和風檜木老屋是最搭配的兩個元素，所以龍鳳祥交趾陶藝術社在一年多前，選擇將分館開在檜意森活村，在飄散著古香韻味的空間裡，盡情欣賞大師的極致工藝最為暢快。

提到嘉義的交趾陶藝術家，內行人都聽過呂勝南及呂世仁兄弟的名號。他們在機緣下跟著廟宇工藝大師一起投入創作的行列，「龍鳳祥交趾陶藝術」就是他們所設立的品牌，隨著檜意森活村的設立，龍鳳祥也進駐園區，讓遊客們能有機會近距離欣賞大師的創作。

龍鳳祥分館在老檜町的店鋪建築小巧溫馨。老屋原本是提供給日本基層員工住宿，相較於高級領導們的大起居空間，這種麻雀雖小、五臟俱全的居宅更能貼近一般人的生活。推開古色古香的木門，踏進龍鳳祥的第一個感覺，很像走到一間隱於市的藏寶閣，升起一股會在此撈到千年寶貝的幻覺，讓這種

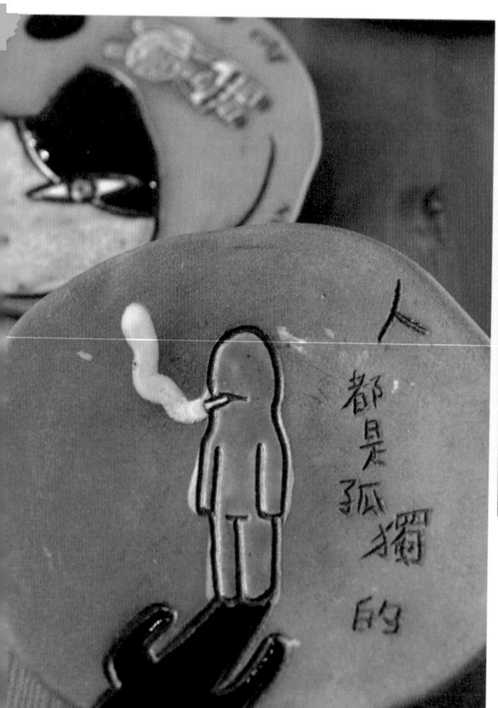

2|1

1. 踏進龍鳳祥的第一個感覺很像走到一間隱於市的藏寶閣。
2. 這個空間也同時提供給其他陶藝創作者展示與銷售的平台。

思緒燃起的主因在於店內有不少老古董，譬如以前做生意的櫃台桌、藏菜的菜櫥，還有老式收音機與古早的飯桌，年歲都在五十以上，令人有回到過去的感覺。

店裡有呂勝南老師的作品，七彩的水月觀音坐鎮屋中央，法相莊嚴，讓人再一次震懾在老師的創作功力之下。這個空間也同時提供給其他陶藝創作者展示與銷售，尤其願意給素人創作者更多機會。目前就陳列了一位台北創作者做的文創陶燒品，充滿童趣、鄉土味，帶點日本鬼太郎風格的小型陶器，很受遊客們青睞。

除此之外，這裡也規畫出一小區作為青花瓷藝術家楊莉莉的創作展示，包括馬克杯、不鏽鋼杯以及茶杯具組等，都有楊老師的青花瓷特色。比較引人注意的，是連訂書機也能用青花瓷展現，為傳統藝術再一次融入生活領域的最佳證明。

萌角落

不只藝術，還是生活

走出藝術品的範疇，交趾陶也能融入生活當中。像是龍鳳祥店裡就有呂皇澄老師製作的立式多功能薰香座，美觀又實用。

/ 嘉義市林森東路 319 巷 6 號

/ 05-2761601 轉 2024

/ 10:00 ～ 18:00

/ www.facebook.com/JiaoZhiTao

/ 走國道 3 號下竹崎交流道，右轉林森東路往嘉義市方向，左轉共和路可達。

並木館

——呈現檜木工藝的時尚與時代感

攝影：何忠誠

檜木的香氣與潤澤感很受許多工藝家喜愛，為此研發出不少以檜木為材質的生活用品。在並木館可以買到檜木砧板、心持木時計以及創意檯燈，讓生活沉浸在原始林木的芳香之中。

謹慎選擇招商店鋪，讓檜意森活村擁有了獨一無二的文化氛圍，因為有特色的店家讓每一棟和風老屋不僅有過去的歷史，也同時展現現代的美學風貌，讓人不由自主想一一探訪。身為主要的營運單位，檜意森活村也不落人後，以再現阿里山林業風華為基本精神，注入文創理念，開設了自營的店鋪，並木館就是其中之一。

各家木藝品牌集結處

並木館所在的老屋早年是中高階職員的住屋，雖然沒有高級官舍的私人庭園，但一應俱全的起居室、臥房空間不難窺出是提供給有家眷的小領導居住。拆掉了拉門隔間，老住宅成為商品展鋪，因為空間寬敞，並木館進駐了數個木藝品牌，包括一郎木創、明昇木業、點子工場以及匠藏工坊……等，每一家都有驚人與充滿創意的木質商品展示，是非常適合採買紀念品的地方。

一郎木創是嘉義老字號廣昇木材所自創的品牌，主要專注於日本檜木的開發，強調以無垢工序製法保留木材原有的香氣和溫潤觸感，比較代表性的產品有立蕊時尚砧板以及心持木時計，前者好清理，檜木香氣經久不散且不易留下刀痕，後者在薄透的檜木片立面後安裝LED燈顯示時間數字，非常特別。

點子工場最經典的就是拿過經典設計獎的○╳原木設計杯組禮盒，設計的巧思發想自兒童很愛的○○╳╳井字遊戲，這同時也是一套竹材與陶器製作成的茶杯具組。匠藏工坊的作品設計符合了上班族的需求，他們主推綠能環保竹材，善用台灣的孟宗竹材料，製作出竹節名片夾、竹節簡書以及竹節賞茶則等商品，同樣受到大眾的喜愛。

2 | 1
3

1. 匠藏工坊的孟宗竹竹節名片夾很受歡迎。
2. 一朗木創專注於日本檜木的開發，強調以無垢工序製法保留木材原有的香氣以及溫潤觸感。
3. 原木創作透過巧思設計出生活化的商品。

INFO

- 嘉義市共和路 378 巷 2 號
- 05-2761601 轉 2802
- 08:30 ～ 18:00
- 檜木砧板 1680 元，心持木時計 3980 元，KANO 商品 90 元起，OX 原木設計杯組禮盒 2600 元
- 走國道 3 號下竹崎交流道，右轉林森東路往嘉義市方向，左轉共和路可達。

木晨良行

——DIY 體驗銀飾製作好時光

攝影：何忠誠

母公司以珠寶設計起家，木晨良行是其中一個品牌，從銀製品為主，在店鋪的商品裡可以感受到寶石與飾品的璀璨光華，產品的多元化也同時吸引貴婦與時尚仕女的喜愛。

木晨良行以貴金屬珠寶設計商品為主，總公司在台北，選擇在嘉義落腳是為了讓金工藝術能有更多的人喜愛。位在檜意森活村的據點是由職人設計師 Sara 與其夫婿共同經營，他們用金工質材為話語，帶領每一位遊客進入金銀飾品與貴金屬的世界，體驗呈現的時尚古典風格。

店鋪選擇的建築是園區裡等級稍高的主管宿舍，屋後有一棵百年芒果樹，每逢盛產季節總能看到店裡擺著幾顆新鮮的檨仔青（台語）。Sara 說，這些芒果證明了老屋曾有的歷史。因為經營店鋪的關係，送往迎來各方遊客，恰巧真的遇到曾在此居住過的老奶奶，老人家叨絮著她親手栽植芒果樹的故事，而木晨良行也在這樣的氛圍下，為大家展現金工藝術之美。

木晨良行有一日金工職人的手作教學課程。

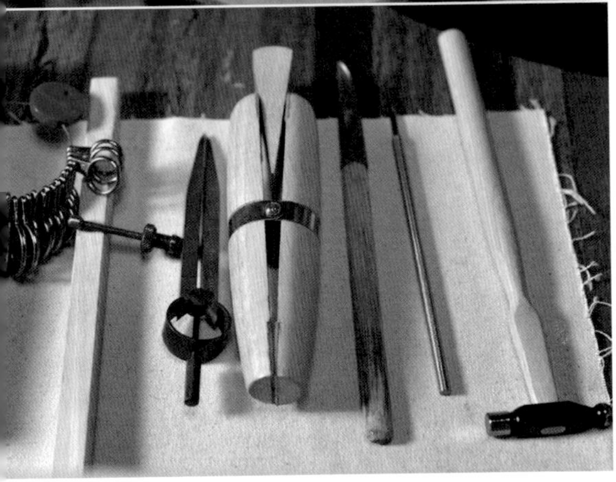

1. 店裡主打的編織銀手鍊使用的材料是歐洲銀原料製作。
2. 店裡準備了專業的工作台，所有的打造工具齊備。

在金工創作裡，編織系列是店裡很受歡迎的一環。早在百年前就有國際設計者將編織的手法融入金屬的製作，至少有十五道的工序，讓創作品更加的難得。幾個主打的編織銀手鍊既時尚又古典，使用昂貴的歐洲銀原料製作，非常適合收藏與送禮。

為傳統飾品帶來新變革也是木晨良行的特色，設計師們跳脫中國人喜愛用金子製作長命鎖、如意鎖等寶寶新生禮習俗的配戴飾品，而改用銀材料呈現，有別於一般的制式框架，反而讓飾品多了一些風尚感，是現代年輕人送禮的新選項。

為了讓遊客能親自感受貴金屬的迷人觸感，木晨良行推出一日金工職人的手作教學課程。店裡規畫了專業的工作台，所有的工具齊備，每一個人都能在老師的教導下，為自己打造獨一無二的戒指，留下難忘的回憶。

- 嘉義市東區共和路 191 巷 2 號
- 05-2761601 轉 2182
- 10:30 ～ 18:00，週一公休
- 走國道 3 號下竹崎交流道，右轉林森東路往嘉義市方向，左轉共和路可達。

BLAXK 婚紗攝影藝廊

——老房子變身攝影棚與藝術展場

攝影：何忠誠

走過一個世代，很多事情就不再絕對與想當然耳，沒有框架，創意才能破繭激出火花，如同 BLAXK 的夥伴們打破傳統婚紗攝影的印象，他們用音樂、藝術、影像與美學，為嘉義的婚紗攝影藝廊開創了新的道路。

乍聽 BLAXK 這個名字，會以為是某個酷炫的音樂團體，彈著電音吉他，高喊 rock，仔細探訪才知道這是嘉義市一處新成立的複合式婚紗攝影藝廊。由一群平均年齡三十歲的嘉義返鄉遊子實現影像夢想、發揮各自所長的時尚園地。

BLAXK 跳脫刻板框架

將藝廊取名為 BLAXK，不是為了耍帥，據說是剛剛好按錯了鍵盤上的字母，原本是定調為 BLACK，字母 C 打成了字母 X，夥伴們覺得這個名字也夠獨特，符合創業理念中不受框架限制的精神，於是 BLAXK 便在二〇一四年十月十八日閃亮亮開幕了。

BLAXK 主打婚紗攝影、人像寫真以及藝廊創作展覽，不管是平面或是電子影像的製作都是他們擅長的業務，夥伴包括 Kurt、Black、靈芝、建一以及宗陞，分別負責導演、編劇、動態攝影與藝廊展示的事物。

相對於一般的婚紗攝影藝廊把店址開在車水馬龍的大道上，BLAXK 反其道而行，他們找了一間屋齡幾十年的水泥老房進行改造，原本是賣牛肉麵的三層樓房，在他們的創意設計下，成為一間散發時尚華麗與沉穩典雅兼具的天地，而低調的招牌總是讓人以為這裡是一間 lounge bar。

2 | 1

1. 前衛的空間裡也能發現復古的物品。

2. BLAXK 是一處散發時尚華麗與沉穩典雅兼具的天地。

圖片提供／店家

2|1
1. BLAXK 一樓的藝廊曾經舉辦過「嘉義勝興閣傳統戲偶展」。
2. 老房子是一棟典型的長屋，BLAXK 保留了許多元素，包括中間透光的天井。

診所手術台變身桌架　夜幕低垂藝廊就是小酒吧

老房子是一棟典型的長屋，BLAXK 保留了許多元素，包括中間透光的天井，部分裸露的紅磚，以及洗石子建材的樓梯面，再搭配黑灰的水泥建材與藍色牆面的呼應，老房子瞬間有了時尚前衛的風格。

如果不是偶有洽詢婚紗攝影細項的客人詢問，坐在一樓大廳會忍不住想點一杯 Tequila Sunrise，夥伴們也看到了這種氛圍，所以在每晚八點後，讓空間轉變為小酒吧，歡迎各地的朋友前來享受優閒慵懶的時光。

一樓的色彩調性為深藍色，帶有神祕感，攝影棚與禮服區在二樓，黝黑的牆面與白色婚紗形成強烈對比，很有視覺衝突感。店裡的老物擺設不多，有趣的是 BLAXK 蒐集了不少診所相關設備，譬如一樓大廳就有一張手術台打造的玻璃面長桌，而原本的手術台燈被移到了天井的二樓處，很奇妙的位置，很特別的巧思。

從事創意工作的人很能了解缺乏展示場地的無奈，BLAXK為此特地規畫了不少藝術作品的展覽，尤其歡迎有想法的素人創作者。在 BLAXK 不一定要拍婚紗，也可以聊音樂、聊藝術、聊人生。

圖片提供 / 店家

1. 化妝間也設計的頗具前衛感。
2. 插畫家為 BLAXK 的工作團隊手繪素描作品。

萌角落

展覽藝術品的一角

這裡歡迎素人創作者來此展覽作品，曾經舉辦過「嘉義勝興閣傳統戲偶展」，一具具活靈活現的布袋戲偶出現在藝廊的藍色牆面上，每一尊都是偶戲的歷史，每一個都有故事。

- ／嘉義市東區中正路 449 號
- ／ 05-225-5169
- ／ 13:00 ～ 22:00，週一休
- ／ www.facebook.com/BlaxkGallery
- ／走國道 3 號下竹崎交流道，右轉林森東路執行續接林森西路，左轉國華路，右轉中正路可達。

嘉義市史蹟資料館

——老神社的齋館與社務所巡禮

攝影：高建芳

雖然惋惜嘉義神社的消失，但也慶幸齋館與社務所能重整面見世人，穿上新衣的和風老屋有了新任務，一個館看遍三百年嘉義風華時光，讓來訪的賓客一覽嘉義的古往今來。

嘉義公園其實是一九一四年嘉義神社所在地，從廣大之腹地便可見當時神社在地方的重要性。日本神社的組成包括有主殿、參拜道、齋館、社務所、手水舍、參集所、祭器庫……等，嘉義神社的主殿因為大火而消失，如今的射日塔為當時神社所在地，而公園內還保留完整的建築就是齋館與社務所、手水舍與祭器庫，建於一九四三年的齋館與社務所則在嘉義市政府的整建下，作為史蹟資料館開放參觀。

史蹟資料館是兩棟建築組成，各有出入口，中間有通道連結，面對建築物左側是齋館，是祭祀前齋戒和準備的地方，右側是社務所，也就是所謂的辦公室。散發著濃濃和風的資料館其實經過一番大整修，在保留原有外觀造型樣式的原則下，留

資料館是二棟建築組成左側是齋館，右側是社務所。

下了日本的設計特色。屋頂是很常見的入母屋式格局，有點像中國的歇山屋頂，由梁柱與斗拱則可看出是書院造的手法，這是一種以書院空間為主，衍生出來的設計樣式，日本的武士宅邸中很常見。

資料館經過整修保留了原有外觀造型與日本的設計特色。

萌角落

館藏文物

館內擺放了日治、清朝時期以及民國初期的相關物品。在一處玻璃櫃裡，有張泛黃的注音符號表，是早期的教育道具，可以藉由觀看古物了解當時的文化背景。

展示史實文物　探尋過往歷史

資料館二〇一一年開放民眾免費參觀，依照特色規畫了八個展示區，包括嘉義市的城區發展、宗教民俗、古蹟建築與古今名人……等，豐沛的史實有助於認識嘉義的古往今來，館藏文物當中有不少非常珍貴的物品，包括光緒年傳下來的進士牌，這是由嘉義市名人徐家第四代徐德欽所擁有，當然也能看到古蹟斑斑的進士匾額。資料館對面就是手水舍，這是參拜神社前淨手的地方，再五分鐘路程可達射日塔，不妨付費搭乘電梯到頂樓鳥瞰公園景致，欣賞不同於平地的寬闊風景。

INFO

- ／嘉義市東區公園街 42 號
- ／05-271-1647
- ／週二到週日 09:00 ～ 17:00 週一休
- ／www.facebook.com/haowu.allgoods
- ／走國道 3 號下竹崎交流道，右轉接 159 縣道（林森東路）往嘉義市方向，左轉新生路，左轉公園街可達。

好物生活風格販賣所

——讓家更自在的雜貨購買據點

攝影：高建芳

來到好物，要有掃貨的心理準備，因為這裡的好東西非常多。另外，老闆娘基於「交朋友」的原因，定的價格公道，童叟無欺，所以好物不僅僅是嘉義在地人愛逛，現在也已經是觀光客必訪的購物站之一了。

只要是雜貨控，一踏進好物生活風格販賣所，大概只會有一種詞語，不斷的重複對這裡讚詞，那就是用「好可愛」乘以**N**遍的跳針行為，來表達對好物的喜愛。這種瘋狂其實一般人也能理解，從好物處處可見的小巧可愛以及鄉村味道的家居生活用品來看，這裡就像是一個寶庫，可以讓家更溫馨、自然的採買寶庫。

好物的老闆是一位氣質優雅的年輕媽媽，嘉義的業者都習慣叫她「媽迷」。乍聽之下會以為她是為親切溫暖的老媽媽，殊不知這一聲聲的「媽迷」並不是尊稱，而是她實際的名字，只不過此「瑪靡」非彼「媽迷」，氣質媽媽的大名叫作陳瑪靡是也。

瑪靡是個非常喜歡老物與各種生活雜貨的人，她的專長是空間規畫，這家店從找房子到裝潢設計都是來自於她的idea，雜貨品項的特色是選擇性多，而能把成千上萬個生活小物歸納的井井有條，能讓客人清楚的選擇自己想要的商品，這種空間感就得要有點專長才有辦法。

2 | 1

1. 好物處處可見小巧可愛以及鄉村味道的家居生活用品。
2. 這是一間四、五十年的透天厝，外觀是連棟的水泥建築，內部則是上下層的挑高商鋪。

來自日本與歐美或東南亞的風格餐具

店鋪成立兩年多，現在已經是嘉義在地以及外來觀光客淘寶的知名地點，瑪靡挑選了一間四、五十年的透天厝作為店址，外觀是連棟的水泥建築，內部則是上下層的挑高商鋪，中間的隔層還是木造材質，很有復古的日本味道。

在這裡挑貨很容易眼花，然後會陷入對每一種小物都「愛不釋手」徘徊當中，恨不得可以把所有的東西都打包回家，但是礙於荷包大小，還是得經過取捨。鍋碗瓢盆是好物主打的商品強項，另外也有手作乾燥花、素人創作飾品以及服飾等等。

有關餐具部分，瑪靡進了不少日本與歐美或東南亞的商品，包括日本柳宗理不鏽鋼系列的餐具、澳洲 Yum Yum 好食系列的竹製餐具、日本品牌 Nordica 琺瑯手沖壺、牛奶鍋、保冷手提箱等等，其中琺瑯材質的餐具是瑪靡的最愛之一。這些牌子只要是雜貨控都耳熟能詳。如何打點一個家，每個人心中都有一份藍圖，而好物生活風格販賣所就是讓藍圖紙上成真的最佳選購地點。

萌角落

匯集嘉義各色店家的小物

乾燥花出自有兒菈菈樹花園老闆娘的手藝，飾品則是嘉義在地工藝品牌半日閒手作以及綺花娜寄賣，服飾則是 Bless 老闆娘阿桂姐的設計，其中最熱賣的就是造型獨特的圍裙了。

- 嘉義市東區延平街 215 號
- 05-225-2522
- 14:00 ～ 21:00，週二、週六休
- 不鏽鋼吸管 220 ～ 300 元，東南亞竹籤碗盤 160 ～ 220 元，東南亞竹籤碗盤 160 ～ 220 元
- www.facebook.com/haowu.allgoods
- 走國道 3 號下竹崎交流道，右轉林森東路往嘉義市方向，左轉文化路，左轉延平街可達。

4 | 1 / 2 / 3

1. 日本進口的生活雜貨、餐具很受歡迎。
2. 有著可愛花紋的膠帶最受小女生青睞。
3. 可愛的小掃把也是賣品喔。
4. 乾燥花出自有兒菈菈樹花園老闆娘的手藝。

Chapter 6

美好旅宿

為自己挑選一間特色旅舍，
一邊回味旅遊行程，
一邊放鬆身體和心靈，
來迎接美好的旅程。

攝影／江明麗

用棕色與綠色系色調裝潢，讓嘉義商旅的迎賓大堂有森林綠意。

嘉義商旅
——歌劇院變身城市記憶旅店

攝影：高建芳

離嘉義火車站步行十分鐘，嘉義商旅是當地首座文創設計飯店，運用了櫻花、神木、茶山元素打造旅人住宿空間，要讓住客們在每一眼、每一次呼吸，都能感受桃城迷人的在地況味。

作為承億建設跨足旅店品牌承億文旅的第一個據點，嘉義商旅更想把桃城的所有迷人特色囊括在內。相對於旅客可能的來去匆匆，嘉義商旅把握了短暫一晚留宿的時光，盡其所能讓嘉義之美留在住客們的旅行回憶匣子裡；往後，在不經意的想念中，再次拜訪這座有櫻花、神木與豐富人情味的諸羅老城。

嘉義商旅的前身是老字號的義美歌劇院，老嘉義人都還記得那個因為歌廳秀表演而歡笑熱鬧的夜晚。歌劇院功成身退，承億文旅為建築添上新妝，用大面積的鏤空鋼材包覆，綴以蔓生的櫻花圖案，遠望就像是一幅春意盎然的季節彩圖。八個樓層，一百一十個房間，讓住客們在尚未體驗到阿里山的幽靜之美時，就能提前感受到山林的自然意境。

從二〇一一年開幕以來，嘉義商旅接待過無數的海內外旅客，除了提供舒適的睡眠環境，旅店裡裡外外都散發著藝術、美學與時尚元素同聚的氛圍。大門有迎賓的夢獸公仔憨吉，也有創辦人的藝術雕塑收藏。讓人印象深刻的莫過於處處可見的木質元素，這也是嘉義商旅想要呈現的主軸，讓木質材融入空間環境，搭配色彩繽紛的座位以及設備，就像走入了一座森林中，感受自然的撫觸。

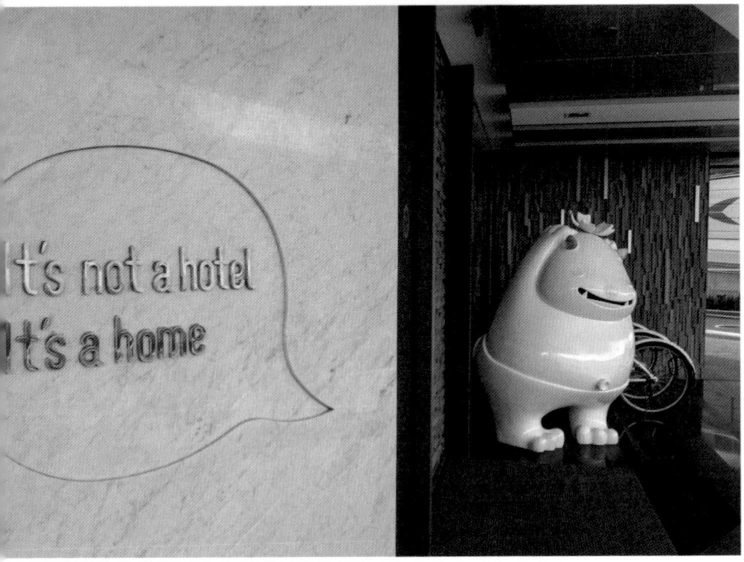

1. 嘉義商旅在中間樓層規畫了一處透光天井，是住客們休息安座的空間。
2. 承億文旅集團的代表公仔夢獸「憨吉」也在嘉義商旅大門歡迎嘉賓。

攝影／江明麗

have a nice DAY 陳列濃濃嘉義味

精采的並不止於大廳空間，稍加留意不難發現每一樓層電梯都有設計師用嘉義專有特色妝點的各色門面，以have a nice DAY字型做陳列架藍圖，在上面擺置阿里山茶葉、廟宇護身符、八掌溪漂流木或是剪黏工藝等素材，讓大家深切感受到嘉義商旅對自家城市的愛護之心。

六到八樓有個隱藏版秘境，是旅店的設計巧思，但如果不注意低樓層的住客很容易錯過，這裡特別保留了一個挑高的天井空間，可以作為賞景休憩使用，設計的巧妙點在於天花板的圖案，設計師用小圓形沖孔點出了大朵櫻花圖案，每當陽光投射下來，櫻花圖形映照在地面上，朵朵生花非常漂亮，是住客們值得探詢的意外驚喜。百多個房間共分為五個房型，包括晨曦房、旭日房、曙光房以及日出房等等。簡約流暢是房型設計的特色，最大的亮點是懸掛在牆上的黑白照片，全都是嘉義著名的景點，有的人會看到阿里山的茶園美景，有人能欣賞布袋的裝置藝術，或者北門驛，或者成仁街的老屋……。嘉義商旅用人文、風土記憶敘述城市的獨特性，也歡迎每一位旅人的拜訪。

攝影 / 江明麗

攝影 / 江明麗

3 | 2 | 1
4

1. 嘉義商旅共分為五個房型，包括晨曦房、旭日房、曙光房以及日出房等等。
2. 迎賓櫃台用神木與櫻花等設計圖騰與素材歡迎每一位旅客。
3. 旅店內部房間用嘉義各地知名景點或人文照片作為裝飾。
4. 每一個樓層用不同素材表現 have a nice DAY 的意境。

INFO

- 嘉義市東區垂楊路 866 號
- 05-225-5999
- 進房 15:00，退房 12:00
- 2 人房定價 4,800 元起，經典 2 人套房 5,600 元起，曙光經典 3 人套房 6,200 元起，日出家庭 4 人套房 7,200 元起
- www.dayhotel.com.tw
- 走國道 1 號下嘉義交流道，接北港路往嘉義市方向，右轉新民路，右轉垂楊路可達。

安蘭居國際青年館
——超過四十個國家的旅人按讚

攝影：高建芳

二〇一五開始安蘭居在每週三晚上舉辦「安蘭居之夜」，歡迎住客與非住客同歡，聆聽 live show、喝台灣啤酒、尬彈珠汽水、吃懷舊小零嘴，認識新朋友也藉機秀出自我。在這裡，不管你幾歲，都會有一種叫作青春的態度熱力四射。

青年旅館通常會有一種魔力，讓投宿在這裡的旅客們很容易就能交到朋友。或許是旅行的態度相同，也或許是旅人們本身就存著 open mind 的想法，所以在這樣的空間裡，更能累聚旅途中珍貴的回憶。

安蘭居落腳嘉義已經兩年，女主人 Angela 是位非常喜愛世界到處走的旅者，本身學的是護理專業，因為興趣玩遍了亞洲、歐美等地；結了婚有了小孩就從夥伴旅行轉變

為家族旅行，對於占了旅遊預算幾乎一半的住宿費用深有體認，因此兜兜轉轉多年之後，暫時歇下了腳步，回到家鄉嘉義，開起了便宜又舒適的青年旅館，為世界各地的旅行者提供嘉義美好的住宿經驗，以及推薦嘉義最棒的景點與小吃。

作為旅行者喜愛的交流驛站，安蘭居的地理位置非常好，從嘉義火車站步行不用十分鐘，旅館位在一棟商業大樓的六樓及十四樓兩個樓層。十四樓是主要的接待中心，六樓則是剛規畫不久的主題房區。Angela 很喜歡中國味道，加上店址正好在蘭井街上，所以取了這麼一個古風古味的名字。

超人氣 KANO、Kitty 主題房

在樓層的特色上，Angela 分別賦予了它們很鮮明的定位。十四樓以嘉義為主題，所以代表地景相當多，房型兼具了套房與背包房，各個族群都很適合。其中最受歡迎的就屬 KANO 主題房，這裡原本只是一般的八床背包房，一年前因為電影《KANO》造成話題，加上敘述的又是跟嘉義棒球有關的故事，基於為家鄉貢獻一分心力的想法，Angela 將之改為 KANO 主題房。邊角的位置讓房間有一百八十度的絕佳視野，房間內不僅掛上棒球標誌旗，還有記分板、電影插畫海報等等，連居中的矮桌也特製成跟本壘板一樣的形狀，上面還寫著「一球入魂」四字，讓房間瀰漫著濃濃的 KANO 味道！這間房還是一樣招待單床的背包客喔。

新完成的六樓主體房層有七個房間，Angela 以七種元素打造，她以年輕創業家讓夢想起飛的精神去接待每一位旅

1. 十四樓以嘉義為主題，最受歡迎的是 KANO 主題房。
2. 新完成的六樓主體房層有七個房間，Angela 以七種元素打造，這間以插畫為特色。
3. 來自海內外超過四十個國家的旅客喜愛安蘭居屬於家的氛圍。

客。起居廳裡一大片的插畫牆面，是她與打工換宿的素人插畫旅者一同繪成，而一張有著台灣形狀的實木桌則是大家談天說地的美好空間。讓淑女們驚喜的是冒著粉紅泡泡的 Kitty 主題房，上下鋪的設計，用 Kitty 娃娃樓梯連結，可愛得讓人捨不得安睡。

設備上，主人家很貼心的規畫了男女分區浴間，連盥洗台都安了三座，背包房的旅客不用再焦急等待。第一次選擇安蘭居住宿的人，或許是因為價格考量，但只要來過一次，感受到濃濃的、熱鬧的家族氛圍，就會明白這裡為何吸引如冰島、愛莎尼亞等超過四十個國家的旅人落腳了。

- 嘉義市東區蘭井街 465 號 14 樓之 1
- 05-229-0102
- 洽詢時間 08:00 ～ 22:00
- 2 人房 1,500 元起，3 人房 2,100 元起，4 人房 2,500 元起背包客房每床 500 元起（平日）
- www.facebook.com/an.lan.jie
- 走國道 1 號下嘉義交流道，接北港路往嘉義市方向，右轉博愛路二段，左轉民族路，左轉中山路，右轉蘭井街可達。

桃城茶樣子

——全台第一座茶主題旅店

攝影：高建芳

茶的美好可以在味蕾的感受裡直接呈現，但是茶的靈魂就要在不經意間才能經年累聚，桃城茶樣子用茶主題加深旅客們的印象，希望以全台第一座茶主題旅店，讓大家更能認識嘉義內含的精髓。

桃城茶樣子在二〇一四年開幕，是承億文旅繼「嘉義商旅」、「淡水吹風」、「台中鳥日子」三間分館後，打造的第四處住宿據點。「在茶的故鄉，孕育以茶為主題的旅店」，是承億文旅集團創辦人戴董事長在桃城茶樣子官網為這座城市新宿點下的註腳。

母公司為營建業，對於蓋房子這件事自然駕輕就熟，跨足飯店業後，更是投入相當大的精力與心血，除了讓女兒親自操刀管理，對於旅店的設計及設備也非常重視，飯店要住得舒服是基本要求，附加在外的就是獨一無二的特色，所以承億文旅旗下的旅店都有著各自的風格特色，唯一不變的精神就是要符合在地性。

以茶為設計主題，桃城茶樣子的外觀就是以茶箱子為藍圖打造，建築體有如幾個超大型的方箱有序的堆疊著，以三個樓層做一個錯位營造出動態感，非常顯眼，外觀立面用白與灰二種顏色加深建築物的立體感，也是忠孝路上一道亮麗的景致，更在嘉義引起話題，就連計程車司機聽到桃城茶樣子都會知道是那間有著不規則格局的建築物。

1. 一樓的迎賓大廳以茶為主題設計，挑高大氣，且不定期與藝術家合作提供空間展示作品。
2. 來此的賓客都能喝上一杯阿里山純正的高山好茶，在裊裊餘香中開始入住的一切手續。

坐在一樓大廳的窗邊，能感受到空間所營造的優閒氣氛。

以中國二十四節氣定房名

旅店規畫了地下兩層，地面九層的空間，總共五十五間房，以中國特有的歲時節氣作為房間名稱，譬如穀雨、白露、夏至、小雪等等，充滿濃厚的文人氣息。內部空間設計以茶罐、茶意、茶香、茶浴、茶染為等寓意為主題，讓旅客從看到桃城茶樣子的第一眼開始，就進入古風餘韻的茶世界。

一樓戶外庭園以綠竹、流水以及數個藝術作品營造出慵懶與優閒的氛圍，門口是承億文旅的代表公仔夢獸「憨吉」，以可愛萌趣的姿態迎賓。露天庭園擺放幾個白色座椅，夜晚還會發出光亮，散發浪漫的氛圍。

迎賓大廳無疑是一座以茶為主的博物館，一個個飄散著古意的墨色老茶倉擺在架上，接待櫃台的設計有如茶莊迎客品茗的味道，少了一分疏離，多了一分歡迎老朋友共話夜語的親切感，當然，來此的賓客都能喝上一杯阿里山純正的高山好茶，在裊裊餘香中開始入住的一切手續。

1
3
5 4 2

1. 頂樓的 Sky Lounge 擁有視野絕佳的無邊際泳池。
2. 這片用綠意營造的屏牆也是一處投影屏幕。
3. 接待櫃台跳脫一般的制式印象，設計的有如泡茶空間。
4. 桃城茶樣子用嘉義的好茶與在地特產迎接每一位旅客。
5. 備品的設計也用了設計的巧思。

藝術房型創造小型藝文空間

在客房區，桃城茶樣子以時光旅行作為基調，讓旅客的每一個步伐有如走近百年淬鍊的故事之中，這樣的味道一直延伸到客房內越顯濃烈。以二十四節氣命名的房間各有風情，和、洋風皆有，適合二到四人居住，其中比較特別的就屬精心設計的藝術房，全館也僅有三間，分別屬於白露、小雪房型，其中代表房型為藝術家林書楷創作的「陽台城市文明：茶城市中的聚落傳說」作品。

另外還有太和社區創作的藤蔓房型，以及暗房裡會發亮的螢光壁畫房等等，都是一個個小型的藝文空間。房間內會附上特製的茶湯或茶包供住客沐浴，也能品嘗到台南名店連德堂煎餅免費小點心。

山山來食料理廚房是桃城茶樣子享用美味餐點的地方，早餐有中、西式選擇，中式早點用九宮格盤裝盛小菜，美觀又開胃，午晚餐可以單點，不限住客，菜色包括有主廚創作料理、頂級與經典料理，主食有龍蝦搭美國菲力、虎

這間藝術房是藝術家林書楷創作的「陽台城市文明：茶城市中的聚落傳說」設計的作品。

斑大明蝦、安格斯頂級牛排、墨魚義大利麵、鱈魚菲力搭香草烤雞腿等等，比較特別的是套餐會提供比賽等級的卓武山蜜紅茶，也讓客人能品味經典的阿里山高山茶美味。

萌角落

無邊際泳池

在九樓有座空中游泳池，也是全台第一座無邊際游泳池。在白天時，能俯視嘉義市的景色；在夜晚時，能見到那迷人的星空。這也是喜歡游泳的旅客們絕不能錯過的特色景點。

3	1
4	2

1. 山山來食餐廳裡的經典料理主食每季變更菜色。
2. 山山來食頂級料理可以品嘗大廚烹調的好手藝。
3. 桃城茶樣子外觀像幾個超大型的方箱有序的堆疊著，以三個樓層做一個錯位營造出動態感。
4. 特別設計的藝術房用上夜間能發光的塗彩，讓房間好似深處浩瀚銀河中。

／嘉義市東區忠孝路 516 號

／05-228-0555

／進房 15:00，退房 12:00，山山來食餐廳 06:30 ～ 21:00，Sky Lounge18:00 ～ 02:00(預約制)

／穀雨雙人房 3,750 元起、白露行政雙人房 4,000 元起、夏至四人房 4,500 元起、小雪行政四人房 5,000 元起(含早餐)，山山來食套餐 690 元起、下午茶套餐 280 元起。

／teascape.hotelday.com.tw

／走國道 1 號下嘉義交流道，接北港路往嘉義市方向，左轉博愛路二段，過博愛路橋接博東路左轉忠孝路可達。

承億輕旅

——創造一種新的獨立旅行式樣

攝影：高建芳

輕鬆寫意，是嘉義承億輕旅想要給旅人的住宿感受，在這裡可以結交世界各地的朋友，可以交換資訊，得知嘉義知名的景點與小吃美食。當然，只要你願意，找個自己最愛的角落，拿本書，倒杯咖啡，享受閱讀時光也很棒。

1. 有小管家為住客們提供服務以及周邊的旅遊諮詢。
2. 空間氛圍散發小清新的味道。

「這裡不是家，但這裡讓你不想家」這是承億輕旅在官網上很文青感的兩句話。旅行，需要一個安穩舒適的落腳站，相對於只能來去匆匆的連鎖飯店，總是洋溢著青春氣息的青年旅館，更吸引考量旅行預算的旅者。「承億輕旅」是承億文旅另一個旅店品牌，以便宜的住宿費及簡約時尚的設計感，在台灣擁有好口碑，目前在嘉義、台南分別有據點。嘉義的承億輕旅在二〇一五年四月試營運，現在已經是國際旅客很喜愛的一個投宿點。

嘉義承億輕旅在開幕之初曾經祭出加一元住二床的優惠專案，這樣的好康也曾在二〇一五年才開幕的輕旅台南館實施，讓一群遊客眼紅了好一陣子。嘉義輕旅落腳在市區的文青老街光彩街，原本的建築物就是一棟學生宿舍，設計團隊沒有大改空間或主架構，反而在色彩、休憩及寢室設備加重時尚感，在小管家的貼心服務中，擁有獨特的旅宿氛圍。

3 | 1 / 2

1. 嘉義承億輕旅有二、四、六人房型，其中多人房型也作為背包客需要的單床賣出。
2. 這面在一樓的旅遊資訊牆可以讓旅人們 DIY。
3. 頂樓的天台廚房是旅人們認識以及交流的好地方。

天台廚房自住美食交誼廳揪團找旅伴

共三十二間房的嘉義承億輕旅，規畫了二、四、六人房型，其中多人房型也作為背包客需要的單床賣出。房間的調性以純白色為主，呈現簡潔與明亮感，相對於小巧的房間，在公共領域的設計上輕旅更花心思，主要還是希望旅客能走出房間，跟世界各地的旅客交流，進而為自己累積更多美好的旅程回憶。這裡將主要客群設定在喜歡單獨旅行的遊客，因此在聊天空間有很貼心的裝潢。一樓接待處像是歐日雜貨展市場，chick in 櫃台不是高高的隔牆，而是一台尤似放置精工材料的鐵架車，小管家就在此為住客安排入住事宜與旅程諮詢。

若詢問住客們最愛待的輕旅空間在哪，頂樓的天台廚房以及地下一樓的交誼廳絕對雀屏中選。天台廚房是美食交流站，小管家會在這裡放著餅乾、茶飲，還有美味的早餐選項，讓人感動的還有餅乾罐裡的餅乾是從嘉義知名老店福義軒採購而來。旅客們可以在天台廚房自己料理美食，也能找個舒服的座位和朋友聊天或者發呆，戶外陽台更是做做日光浴、看夜晚星辰的好地方。

1/2

1. 用傳統的抽籤筒作為挑選旅遊景點的想法很新奇。
2. 坐在一樓的大玻璃窗前可以觀察往來的人群。

交誼廳區分幾處聊天區，不管是舒服的沙發區，還是方便的高腳座椅，在這裡可以揪團找旅伴，也能運用大型投影電視牆播放自己拍攝的所見所聞，為大家敘述旅途中的精彩。嘉義承億想開啟一種新的旅行哲學，希望每個人都有獨立旅行的能力，在每個城市留下光彩。

- 地址／嘉義市西區光彩街 622 號
- 電話／05-224-0555
- 時間／洽詢時間 08:00 ～ 22:00
- 價格／兩人房 1,500 元起
  女性背包房單床 650 元起
  混合背包房單床 600 元起
- 網址／www.lighthostel.com
- 交通／走國道 1 號下嘉義交流道，接北港路往嘉義市方向，過嘉雄陸橋接民族路，左轉新榮路，右轉光彩街可達。

秘密遊

——蛙鳴蟲唧、翠綠茶園相伴入眠

攝影：何忠誠

在城市低頭滑手機太久，總會忘了抬頭看看美麗的天光，而秘密遊的好玩之處，就在於置身其間會讓你改變滑手機的習慣——射弓箭、逛茶園、做竹杯、賞螢火蟲，節目這麼豐富，哪還記得 iphone 是什麼東西。

1. 民宿主人會帶著住客到附近的神祕步道探尋大自然。
2. 具有高山嚮導身分的Avayi很會就地取材，這是現場用竹子做器具的示範。

深山林內有時不僅僅是字面上的解釋，若拜訪過秘密遊民宿，就能深切體認這四個字的貼切涵義。也因為身處山林之中，讓秘密遊成為阿里山眾多旅宿裡最亮眼的所在。秘密遊在鄒族的大本營達邦部落裡，攤開台灣地圖要準確指出來都要花一點時間，距離有多遠，簡單來說，從嘉義市出發開車也要兩個半小時，但秘密遊的精采，絕對不枉舟車長途走一遭。民宿由Avayi夫妻經營，Avayi是鄒族人，也是高山嚮導，會造弓箭，也能創作音樂，非常全才；他有一雙可愛的兒女Voyu、danivu，以及人氣狗狗Lhoo，都是民宿的小小明星。而Avayi把民宿取為秘密遊（mimiyo），用鄒族話來解釋，有隨意行走與旅行的意思。

房間坐擁無敵美麗查園山景

民宿遺世獨立，距離最近的餐廳也還要二十分鐘的車程，所以一般遊客只要進山，通常會在這裡至少待上兩天，沒有人擔心會不會無聊這件事——不說住房的舒適，單是料理的美味就足以讓人豎起大拇指稱讚，更遑論民宿周邊就是廣大的阿里山美景，看茶園、走楓樹林步道，再不濟也能體驗射箭，做個竹杯DIY等活動。若是四、五月來的話，還可以看到滿山遍野的螢火蟲；再幸運一點，還能看到民宿道路石牆縫幾十朵曇花綻放的盛況。

坐擁高山景色是民宿的優勢，因此房子建築設計沒有太過花俏，一棟L型一層樓的平房，一邊是房間，一邊是餐廳，餐廳前還有一處圍爐區，是夜晚烤火取暖談天的地方。這裡的每個房間都有無敵漂亮的茶園景致，房內的木造梳妝台與竹製工藝品都出自主人的巧手，透明寬敞的浴室有大大的浴缸，讓遊客能泡個澡，褪去疲憊。

早餐包含在房價之內，要品嘗招牌的鄒族風味餐記得先預訂，因為要先請部落的「達邦餐飲工藝複合館」廚師料理。一套餐擺上桌，有樹豆竹筍、馬告香腸、小米與糯米做的阿拜等，都是當地隨手可得的食材。投宿在這裡便能體驗一如山中無甲子的安適時光。

2 | 1
3

1. 三兩下工夫就能把竹子變為純天然的水杯。
2. 馬告香腸與阿拜市民宿的風味餐內容之一。
3. 房間有著無敵漂亮的茶園景致。

- 🏠／嘉義縣阿里山鄉達邦村 7 鄰 185-2 號
- ☎／0952-165-761、0910-766-507、05-251-1378(晚上)
- 🕓／進房 15:00，退房 11:00 費用 2 人 2,700 ～ 4,200 元 3 人 3,000 ～ 4,800 元 4 人 3,500 ～ 5,200 元（含早餐、秘密小徑導覽和竹杯 DIY)
- 💻／www.mimiyo.com.tw
- 🚗／走國道 3 號下中埔交流道 接台 18 線往阿里山方向， 在 63 公里石桌右轉接 169 縣道往達邦 里佳方向，在 40.1 公里處左轉民宿指標可達。
- ★／個人備品不提供毛巾、浴巾、牙刷

萌角落

走逛生態小徑

民宿的魅力在於靠近大自然的優閒。秘密遊後方是主人規畫的生態小徑，走一圈大概半小時，路程不長，但是對於都市人來說，就是宛如亞馬遜叢林的神祕步道。沿途可以挖筍、看桫羅與蕨類茂密的狀態，興致一來，主人還會立馬砍段竹子現場做個竹子馬克杯。這裡的重頭大戲是人類與吸血大軍螞蝗的對抗，只要穿著長袖與綁腳長褲就能全身而退。

行程建議

——四條主題路線享受嘉義

遠離繁雜的城市，背起行囊，踏上旅程吧！
走過了巷弄街道，眺望在地自然風景，探訪歷史古蹟，
吃遍美食，再入住風格民宿，放鬆身心，
每一天都是一段美好的小旅行。

路線一 田園海畔自然藝術人文暢遊

Day1

- 早餐 新港南崙北崙彩繪村
- 板陶窯交趾剪黏工藝園區
- 午餐 新港客廳
- 新港交趾剪黏藝術村
- 晚餐 嘉樂福夜市
- 安蘭居國際青年館

Day2

- 早餐 糜詠早午餐
- 鰲鼓濕地森林園區
- 午餐 DO RIGHT 渡對
- 旺萊山鳳梨酥觀光工廠
- 歸途

路線二 老屋懷舊體驗好時光

Day1

- 早餐 新生早點
- 北門車站（北門驛）
- 玉山旅社咖啡
- 午餐 老大通1941
- KANO 故事館
- 營林俱樂部
- 晚餐 林聰明沙鍋魚頭
- 桃城茶樣子

Day2

- 早餐 桃城茶樣子
- 嘉義舊監獄
- 嘉義市史蹟資料館
- 午餐 老鄰居1911
- Bless 咖啡·茶·衣食
- 民雄放送所日式招待所
- 歸途

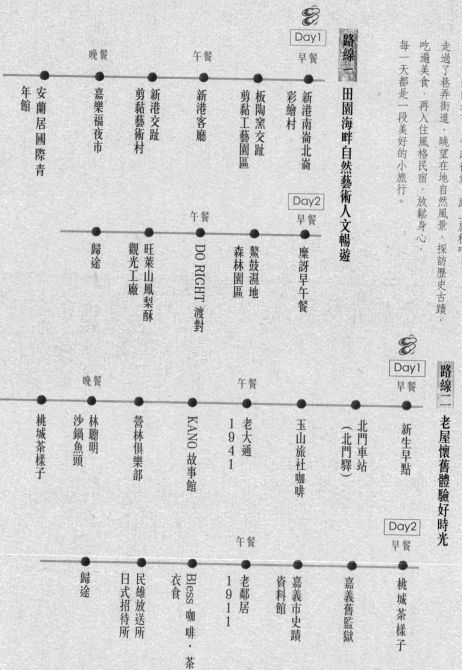

路線三　街頭巷尾小吃美味

Day1

- 早餐　劉里長雞肉飯或華南碗粿
- 森林之歌
- 木晨良行
- 二魚老玩藝兒
- 午餐　慶昇小館
- 芙甜法式點心坊
- TOY 4 玩具們咖啡館
- 晚餐　正老牌草魚湯
- 承億輕旅

Day2

- 早餐　東市場老攤巡禮
- 東門圓環火婆煎粿
- 嘉義蘭潭散步騎單車
- 午餐　李奶奶正北方麵點
- 竹崎親水公園
- 竹崎火車站
- 歸途

路線四　雜貨小店購物之旅

Day1

- 早餐　森咖啡
- 活泉人文茶坊
- 午餐　小洋蔥手作料理
- 山茶花與鹿
- 好物生活風格販賣所
- 晚餐　阿岸米糕
- 嘉義商旅

Day2

- 早餐　嘉義商旅
- 鐵道藝術村
- 嘉義市立交趾陶館
- 午餐　郭家粿仔湯
- Daisy 的雜貨店
- 老院子 1951
- 歸途

INFO

鐵道藝術村
地址／嘉義市西區北興街 37 之 10 號
電話／ 05-232-7477

嘉義市立交趾陶館
地址／嘉義市東區忠孝路 275 號 B1 樓
電話／ 05-232-7477

郭家粿仔湯
地址／嘉義市東區文化路 148 號
電話／ 05-225-6214

Daisy 的雜貨店
地址／嘉義市東區維新路 73 號
電話／ 05-277-0893

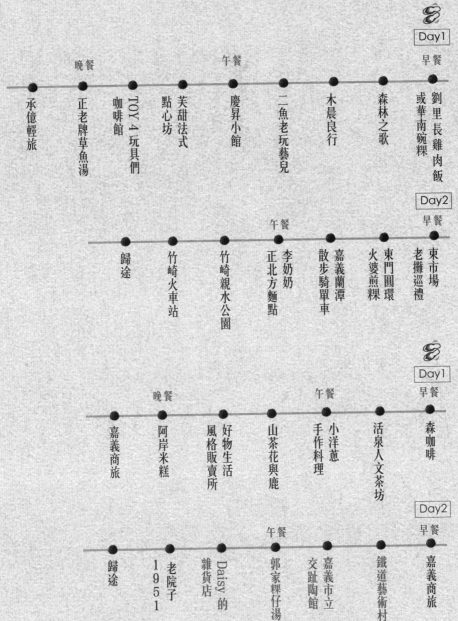

香林薇拉民宿

INFO

地址：嘉義縣竹崎鄉竹崎村中山路 6 巷 1 號

電話：0988-771-923

費用：2 人房 2,200 元起、4 人房 2,500 元起

網址：www.vivilla.com.tw

交通：走國道 3 號在竹崎交流道下，接 166 縣道往竹崎方向，左轉台 3 線，右轉中正路，左轉中山路可達。

阿將的家

INFO

地址：嘉義縣阿里山鄉樂野村 4 鄰 129-6 號

電話：05-256-1930

費用：獨棟石頭屋 2 人房 2,800 元起、船屋 6 人房 5,500 元起、獨棟楓香樹 7 人房 6,500 元起

網址：www.ajong.com.tw

交通：走國道 3 號下中埔交流道，往阿里山方向行駛，沿台 18 線至石棹優遊吧斯鄒族文化部落，右轉入嘉 156 鄉道可達。

阿喜紫藤民宿

INFO

地址：嘉義縣梅山鄉瑞里村 10-3 號

電話：05-250-1575

費用：藍色門、白色門、紫色門房型均 9,000 元，至多住 6 人，含住宿、下午茶、晚餐、露天音樂欣賞、早餐、品咖啡

網址：www.facebook.com/pages/阿喜紫藤/138070106308103

交通：走國道 3 號下竹崎交流道，第一個紅綠燈左轉，約 200 公尺福懋加油站旁右轉，第二個紅綠燈右轉由 166 線道 50 公里處直行，在 76.8 公里處右轉經過若蘭山莊大樓可達。

其他嘉義民宿飯店

兆品酒店

INFO

地址：嘉義市西區文化路 257 號

電話：05-229-3998

費用：雅緻單人房定價 5,200 元、雅緻 2 人房定價 5,500 元、雅緻家庭房定價 7,000 元、兆品和式 2 人房定價 10,000 元

網址：chiayi.maisondechinehotel.com

交通：走國道 1 號下嘉義交流道，接北港路往嘉義市方向，左轉世賢路二段，右轉文化路可達。

嘉義觀止

INFO

地址：嘉義市西區中興路 467 號

電話：05-281-3456

費用：觀止情房、觀止商務房 2 人定價 5,800 元、觀止 3 人房定價 6,800 元、觀止家庭房定價 7,800 元

網址：www.guanzhi-chiayi.com.tw

交通：走國道 1 號下嘉義交流道，接北港路往嘉義市方向，右轉中興路可達。

禾樂居民宿

INFO

地址：嘉義縣大林鎮三角里北勢 41 之 3 號

電話：0988-379-978

費用：2 人房 2,400 元起、 4 人房 3,600 元起

交通：走國道 3 號下梅山交流道，左轉 162 縣道，左轉 92 縣道，右轉 97 縣道，左轉 100 縣道循指標可達。

船仔頭ㄟ厝民宿

INFO

地址：嘉義縣東石鄉蔦松村船子頭 22-3 號

電話：05-370-8078

費用：2 人房 1,500 元起、4 人房 2,000 元起、背包客房每床 500 元起

網址：board.okgo.tw

交通：走國道 1 號下水上交流道，走縣道 168 往西，過朴子市，循船仔頭ㄟ厝民宿指標右轉可達。

陶鄉民宿

INFO

地址：嘉義縣新港鄉板頭村 1 鄰板頭厝 45 號之 2

電話：05-781-0832

費用：2 人房 1,600 元起、4 人房 2,880 元起、6 人房 3,840 元起

網址：www.bantaoyao.com.tw

交通：走國道 1 號在嘉義交流道下，接 159 縣道（北港路），過新港遇高鐵高架橋（159 線 3 公里處、164 線 20 公里處），右轉直行約 700 公尺可達。

白樹腳驛棧

INFO

地址：嘉義縣竹崎鄉復金村白樹腳 22 號

電話：05-261-5933

費用：2 人房 2,100 元起
4 人房 2,700 元起

網址：innbytree.blogspot.tw

交通：走國道 3 號在竹崎交流道下，接 166 縣道往竹崎方向，進市區前看到福懋加油站前岔路向右直行，接自由路過松竹橋右轉前行 500 公尺循指標可達。

伊莎貝爾花園民宿

INFO

地址：嘉義縣竹崎鄉灣橋村下厝坑 11 號

電話：0963-161-282

費用：2 人包棟 3,200 元起、4 人包棟房 3800 元起、6 人包棟房 4,500 元起、8 人包棟房 5,200 元起，加人每位 500 元

網址：www.isabellehome.tw

交通：走國道 3 號在竹崎交流道下，接 159 縣道往竹崎方向，在 28.5 公里右轉直行 200 公尺可達。

208 嘉義商旅
嘉義市東區垂楊路 866 號

184 樂窩傢俱體驗空間
嘉義市東區體育路 51 號

174 月影潭心
嘉義市鹿寮里紅毛埤 187 號之 4

022 林聰明沙鍋魚頭
嘉義市西區中正路 361 號

030 慶昇小館
嘉義市西區新榮路 315 號

038 華南碗粿創始店
嘉義市西區新榮路 148-2 號

034 嘉樂福觀光夜市
嘉義市西區博愛路二段 467 號

040 正老牌草魚湯
嘉義市西區博愛路二段 13、15 號

222 承億輕旅
嘉義市西區光彩街 622 號

新港鄉

072 新港客廳
嘉義縣新港鄉中正路 2 號

108 新港交趾剪黏藝術村
嘉義縣新港鄉板頭村

100 板陶窯交趾剪黏工藝園區
嘉義縣新港鄉板頭村 42-3 號

112 新港南崙北崙彩繪村
嘉義縣新港鄉北崙村 75 之 4 號
（北崙村復興國小）

104 新港頂菜園鄉土館
嘉義縣新港鄉共和村頂菜園 12 號

阿里山鄉

076 鄒築園咖啡
嘉義縣阿里山鄉樂野村 2 鄰 71 號

226 秘密遊
嘉義縣阿里山鄉達邦村 7 鄰 185-2 號

民雄鄉

070 民雄小套房咖啡
嘉義縣民雄鄉福樂村埤角 19-1 號

164 DO RIGHT 渡對
嘉義縣民雄鄉東榮路 21 號

092 民雄放送所日式招待所
嘉義縣民雄鄉民權路 50 號

096 民雄國家廣播文物館
嘉義縣民雄鄉民權路 74 號

084 旺萊山鳳梨酥觀光工廠
嘉義縣民雄鄉三興村陳厝寮 1-3 號

088 熊大庄森林主題園區
嘉義縣民雄鄉頭橋工業區工業二路 17 號

布袋鎮

045 黑皮酥皮肉圓
嘉義縣布袋鎮中山路 43 號

124 布袋洲南鹽場
嘉義縣布袋鎮新厝仔 402 號
（嘉義布袋嘴文化協會）

竹崎鄉

168 竹崎火車站
嘉義縣竹崎鄉竹崎村舊車站 11 號

116 竹崎親水公園
嘉義縣竹崎鄉竹崎村中華路竹崎大橋旁

東石鄉

120 鰲鼓濕地森林園區
嘉義縣東石鄉鰲鼓村 12 鄰四股 54 號
（東石自然生態展示館）

附錄—景點地區索引

嘉義市

讚旅行 | 系列

關西Free Pass自助全攻略：
教你用最省的方式，遊大阪、京都、大關西地區
Carmen Tang 著／定價350元
想節省旅費又想玩遍景點，想深度旅遊又怕看不懂地圖。專則介紹大關西地區交通車券，幫你分門別類、叮嚀解析，用最簡單的方式讓你搞懂周遊券，用最省錢的方法讓你玩遍關西。

倫敦樂遊：
暢遊英倫不能錯過的100個吃喝買逛潮夯好點
李慧實 著／定價350元
若你想要認識倫敦的真實風貌觀賞街頭塗鴉、現代藝術、古典美學，追求流行時尚與英式風格，一定不能錯過這本書。100個最值得推薦的潮夯好點，完整體驗專屬倫敦的城市魅力！！

倫敦地鐵自在遊：
30個風格車×110處美好風景串出最美的倫敦旅程
蔡志良 著／定價370元
遊倫敦，不用學會開車、也不用擔心迷路，搭地鐵最easy！最省錢的玩法，最在地的遊程，跟著倫敦旅遊達人穿梭110個景點，讓你第一次遊倫敦就上手！！

100家東京甜點店朝聖之旅：
漫遊東京的甜點地圖
Daruma 著／定價420元
去到東京，不吃甜點就太可惜了！本書蒐羅在日本東京的100家甜點專賣店，ねんりん家的年輪蛋糕、群林堂的豆大福……等，帶你品嘗各式甜點，拜訪職人，體驗不一樣的朝聖之旅！

日本Free Pass自助全攻略：
教你用最省的方式，深度遊日本
Carmen Tang 著／定價350元
除了搭廉航，還有更省的旅遊妙招！無料達人Carmen Tang不藏私傳授最省、CP值最高的玩法，利用FREE PASS票券，教你玩遍島根、富山、北陸，來趟不一樣的日本深度旅行！

歐洲市集小旅行：
巷弄小鋪×美好雜貨×夢幻玩物
石澤季里 著／定價290元
尋寶×觀光，來去歐洲玩一圈！15處古董雜貨集散地+必去絕美景點，勃艮第、普羅旺斯、布魯塞爾……一邊旅行、一邊感受過去留下的美好足跡，走一趟最有情調的古董散策。